出 版 人 断 想

聂震宁 著　赵树旺 选编

人民出版社

目　录

作　者　说　明

　　首先要作说明的是，这部书并不是我的故意之作，无论是书中语录体形式，还是内容的编选，都不是我有意而为之。这部书的出版策划者、编选者都是赵树旺博士。他在中国传媒大学攻读博士学位时，学校聘我做他的导师。他在阅读了我的一些文章之后，提出了编选《聂震宁出版语录》的出版创意。这一创意让我大大地吃惊，当时就表示万万不可。我之所以吃惊和反对，乃是因为我从来没有想过会出版自己的语录。在稍微年长一些的中国人的记忆里，30多年前，语录乃是一位领袖的专属，神圣有加。可是，赵博士很坚持自己的意见，他立刻列举了一大批当代人耳熟能详的语录体出版物，譬如《鲁迅箴言》、《林语堂妙语》、《王蒙蠢话》以及《于丹〈论语〉心得》等等，说明以人命名以及语录书早已不再是什么神圣的专属。这一列举只能令我哑然一笑。鲁迅、林语堂、王蒙等一干大师与我何干，即便他们的语录书如许，也并不就此表明我有理由和他们一样出版自己的语录书。也许是出于尊重，赵博士不再辩驳，只是轻声说道"再看看吧"。我以为这个事情就此过去。不曾想，轻声表示"再看看吧"的赵博士，大约事过近一年，一天，告诉我，语录书编选初稿已经发到我的邮箱。这一下，我就不只是大大地吃惊，更是大大地感动了。打开邮件，一番展读，尽管都是出自于自己笔下的文字，经过筛选编辑，竟然也有了不少新鲜感觉，忽然想到，闻一多先生曾有过诗歌有建筑感的见解，看来所有文字编排都是有其建筑感的。一时间，我也有点儿喜欢自己的这部书稿了，算是敝帚自珍吧。但对于用我的名字与语录连缀起来的做法，我是坚决地否决。其坚决程度不亚于联合国常任理事国在安理会上行使否决权。赵博士辩驳多次，只好听命于导师。20世纪90年代我曾以"聂震宁断想"在《出版广角》上开过专栏，似乎有点儿影响，遂为此书设计了《出版人断想》的书名。尽管赵博士还在自言自语，说叫《聂震宁断想》有什么不可？然而师命难违，终归无用。我知道他是好意，可我不想到火炉上去烤。

还要加以说明的是关于这些文字的写作。我关于出版学方面的写作，一直都是出版理论与实务相随而行。从事编辑出版工作30多年，基本上是在实务中有了感悟和思考，顺手写下若干文字，以作为自己从业经历的记录，亦可用作行业内交流，也算是为行业发展提出一点建议，基本上不曾有过纯粹理论研究的专业写作。也许正因为如此，我在出版学方面的文章，理论构架从来比较随意，倘若拿去给大学论文指导老师评判，一定是不合格的；可反过来，则是随感、断想式的表达比较常见，随感、断想稍加凝练，就有点儿警句格言的味道，这大约就是赵博士产生编选创意的原委吧。可以肯定的是，我从来没有过从事语录体写作的打算，像英国人培根那样。还有德国人尼采，他的哲学作品通常由许多警句连缀而成，让人感到玄奥费解，也让人读了觉得文采斐然。尼采说过这样一段话："我的奢望就是，把别人要用多少部书才能说的话，仅仅用十个句子表达出来——甚至连别人在那许多部书中没有说到的话也说出来。"我也绝对不曾有过类似这位大哲学家一样的奢望。可现在竟然也能从我百余万字的出版学文章中辑录出十余万字的语录来，却是先前不曾预料到的。自然，这些语录，算不得什么格言警句，只是对出版学及其相关学科一些问题的观点、感想、评价、意见，顶多也就是思想火花一样的东西。想来，可能是自己对于出版业太过上心、太过着迷、太过投入、太过动情，总之，我是把生命中的30多年时间投入到了出版实务之中，绝大多数时间都保持着一种投入的张力（就是在观看电视转播美国篮球职业联赛的年度"球迷大会"时，我也会忽然产生创办中国出版业"读者大会"的创意），这才能在实践和思考中擦出如许思想火花来。在我逐渐退出出版实务的时候，能够把这些星星点点的火花集合起来，也聚合而成些微光与热，堪可聊以自慰吧。

最后就全书的目录分类作说明。全书分为十大类，实在也是勉强而为。分类过于宽阔，导致有些门类收录内容有些包罗万象。譬如第二大类"出版创新"，里面辑录了出版创新的许多方面，甚至还包括了社会效益评价、产业评价等内容，这些方面的工作确也需要创新，但似乎又有点儿包罗万象。又譬如第七大类"人力资源"，有不少选段因讲业务需要而提到人才，这也显得有点儿跑偏。可是，这也是没有办法的事情。分类是科学研究的基础，可是学科交叉又是一个基本趋势，现实事物通常又是你中有我、我中有你，难以截然分开。现在这个分法，只能算是一个大体的安排，供读者翻检时有一个大概的路径。好在这些语录并不是什么玄妙深奥的东西，一看就懂，放在哪儿并不重要，请诸位专家和读者鉴谅并海涵吧。

在本书出版之际，特别要感谢赵树旺博士，没有他的创意和坚持，没有他做大量艰苦的搜集编选工作，就不会有这部书的诞生。感谢人民出版社各位领导和责任编辑。黄书元社长第一次听我说起此书选题，立刻表示要安排出版，打消了我一直以来的忐忑和顾虑。编辑部主任张振明先生和责任编辑朱云河先生都以很高的热情迎接书稿，他们的热情和很具专业水准的编辑工作使得我对此书的出版面世增添了信心。

聂震宁

2014 年 12 月 13 日

▸▸▸ 1

出版理想
CHUBAN LIXIANG

爱我们的读者。

《文学季刊〈漓江〉刊前语》，1988 年

敬惜字纸，敬重读者，敬畏历史。

《〈我们的出版文化观〉自序》，2008 年 3 月

我们要有为天下人做出版、替万世人留文章的责任感和使命感。

《读者将有嘉年华》，2008 年 4 月

出版业积的是社会公德、文化道德，积的是人类文明的道德良知，第一件好事还是多出好书。

要一直坚持多出好书。好书顺应时代潮流，承担历史使命，满足社会需要，体现了一个出版机构的职业道德、文化自觉和历史使命感。

《积文化道德　出百年好书》，2007 年 6 月

书籍的价值和作用，有的功在当代，有的则利在千秋，最理想的结果是既功在当代又利在千秋。

《〈书林漫步〉自序》，2009 年 7 月

一个出版人的文化追求应该是：能够出版不仅当时受读者欢迎也能够传承下去的优秀出版物。

《写中国出版集团这部长篇小说是我最大的快乐》，2008 年 11 月

多做一些有长久保留价值的图书，为国家的文化建设做一点有长久价值的贡献，应当成为我们的职业追求。

《一本书主义与一本书运动》，2006 年 7 月

以文化为本和以人为本，乃是出版业之本。

出版物不仅是文化商品，更是承载文化、亲近大众精神的载体。出版的本质正是如此，出版的终极目标也必须如此。

整个出版产业，关涉社会，关乎世道人心，要想得到健康发展，就不能不提倡共同的理想，不能不提倡正确的价值观，不能没有崇高的终极目标。

《书市归来说价值》，2007 年 5 月

出版的本质及其终极目标都是文化活动，在文化活动的过程中同时产生经济效益，更重要的是，推动一个民族整体状态的提升。

《进取在俗与不俗之间》，2008 年 4 月

出版的终极目标是文化，是传承知识、创造文化、创新文化、发展文化。

文化贡献是出版人首先要考虑的内核，即便因此要承受经济压力，要承受担心、紧张的精神压力，对出版人来说也是幸福的。

追求顾客价值和社会责任，给人类创造更多的物质文明和精神财富，就是以人为本，是人类在物质文明和精神文明进程中的终极目标。

《文化：出版的本质与终极目标》，2007 年 6 月

一个坚持文化至上的出版机构，势必要追求文化的积累和创新，爱惜文化人才，看重铁肩道义，珍视文章千古之事。

记住我们的文化使命，记住自己的文化身份，记住并且确定我们追求的文化价值，记住并且用现代出版文化理念去做好企业和产品的经营管理，记住并且最终实现文化的传播以及获取良好的社会效益和经济效益。

《记住你是谁》，2006 年 5 月

出版从来就是一项具有文化普惠价值的公益性事业，公益精神应当是出版事业的宗旨和旗帜。

办出版与办教育，不仅事业相关联，而且精神相一致，都以昌明教育、造福社会为宗旨。

《出版与公益精神》，2008 年 5 月

文化的奉献和社会的服务，我们出版人须臾不可忘记，多出精品好书须臾不可忘记。

《光荣与创新——寄语中华书局》，2007 年 11 月

出版业真正的核心，是挖掘震撼人心灵的作品，并用最有效的营销手段实现最大范围的传播。

《提升文化软实力　中国出版"走出去"》，2007 年 10 月

出版人既要坚持文化理想，又要保持商业理性；既要保有不俗的精神气度，又要灵活运用市场手段推送优秀图书；既要拒绝贩卖文化垃圾，绝不赚昧心黑钱，又要避免做亏本生意，更不能使出版机构难以为继，导致美好的文化理想成为文化空想。总之，出版的逻辑是，既要有"批判的武器"，又要有"武器的批判"，让崇高的文化理想成为社会生活的文化现实。

《多出好书应是出版业的终极目标》，2013 年 11 月

图书要适应读者的需求，这是我们事业的基本点；引导读者进入一个崭新、高尚而有丰富文化价值的阅读境界，这是我们事业的辉煌之处。

热中求新，是我们的准则；新中求深，是我们的追求。通过新和深，形成属于我们的热点，成为读者优质的精神食粮，更是我们的理想。

冷有可能变热，热也还会转冷，这是事物发展的普遍规律。当一个热点转冷之后，我们的图书仍然被高尚的读者珍藏，这将是一个出版者永久的幸福。

《出版热点面面观》，1994 年 10 月

出版工作要积极、主动地提供精神动力和智力支持，广泛传播现代科学文化知识，帮助人们消除愚昧和落后，战胜迷信和谬误，

解放生产力，发展生产力。

《出版工作与先进文化》，2001 年 6 月

功不可以虚成。每一个出版行动都应当是一件实事，每一本图书的出版都要想到人民的利益、国家的需要和社会的进步。

《1999，一位新社长的几点感想》，1999 年 4 月

出版工作以追求真理和进步为天职，以弘扬学术和文化为己任。

坚持出版追求和出版精神。无论何时何地，始终都以积极认真的思考把握时代的大方向，以坚韧无畏的精神追求知识和真理，以深刻庄重的人文关怀关注现实世界和人类未来。

出版的理想是超越空间的阻隔，用一种独特而共有的精神，为不同地域、不同背景的读者奉献同样精美的精神文化产品，并在宏观出版格局中形成独特的企业品牌。

《在 2010 京沪港三联书店高层年会上的讲话》，2010 年 10 月

▶▶▶ **2**

出 版 创 新

CHUBAN CHUANGXIN

创新是出版的基本精神。

出版创新是创新时代的理性认识与感性体验的综合体现，是出版工作激动人心之处。

《创新时代：出版社创新面面观》，2003 年 2 月

创新才会赢。

创新不一定能赢，不创新却肯定迟早会输。我们出版人的最后选择只能创新。

创新是一个出版人经常要面对的功课。创新是强者愈强的秘诀，是后来者居上的法宝，是百年老店五十年老社的驻颜术，是穷

社置之死地而后生的救心丹。

出版企业必须全面追求创新，具体包括出版物品种创新、出版方式创新、出版物市场创新和出版企业制度创新。

《创新才会赢》，2000 年 12 月

允许创新失败，不允许不创新。

《漫议新时期出版人》，2003 年 4 月

所有的出版活动都需要想象力，需要有创新的欲望，这种创新精神是一以贯之的，想想哪个角度能出彩，哪个角度能增色添辉，哪个角度能有出其不意的神来之笔。

《书香人生》，2008 年 4 月

创新是不太好作归纳和演绎的，更忌讳示范和模仿。可以说：创新之妙，存乎一心。

创新应当是一种开放的状态，追求的是焕然一新、出人意表、出奇制胜、山外青山、无独有偶、更胜一筹、更上一层楼。

《创新时代：出版社创新面面观》，2003 年 2 月

创新的基础和源泉是继承。历史已经证明，并将继续证明，人类社会的每一次大的进步都是在前人的成就基础上取得的。不懂得吸收已有成果，研究与创作也就成了无源之水、无本之木。

《以重大项目推动文化大发展大繁荣》，2007 年 11 月

要把守正与出新辩证地统一起来。守正既是存正气、走正路，也是务正业、出正品。但守正不可以成为守旧的借口。守正还必须出新，从正本清源中出新，从新陈代谢中出新，从标新立异中出新。

《光荣与创新——寄语中华书局》，2007 年 11 月

一个出版单位，一个出版产业，倘若能够形成一个良好的创新文化，创新就会获得良好的环境，环境就会获得创新的支持；企业创新就会得到中肯的评价。这是全面的创新。

《出版产业：全面创新理念与实践》，2007 年 3 月

一个民族、一个国家的文化要传承下去，就必须不断创新，因为文化也是与时俱进的，它必须面对新的情况，解决新的问题，形成人们与时俱进的价值理念。

出版产业是文化产业，不同于脱离了文化的其他产业，不能因为急于把资本和经济效益做大，就对出版产业的文化属性有所懈

怠、有所放弃。

《创新与发展》，2009 年 3 月

出版业既是一项文化事业，又是一种文化产业。作为文化事业，需要通过出版物的独特内涵和丰富深刻的内容把握来实现文化传播和积累的目的；作为文化产业，则必须通过文化产品的独特定位和适销对路来实现经济效益。不可替代性是这两方面一致的原则。

《出版热点面面观》，1994 年 10 月

内容都要通过出版物来体现，并以出版物为核心，二度阐发与表现，衍生出产业链的其他产品。因此，出版业在整个文化产业链中处于核心和基础地位。

如果文化繁荣而出版业萧条或发展滞后，我们就要对两个问题产生疑问：一个是我们民族的内容创新能力，另一个是文化发展繁荣的景象必然会有一定程度的价值缺失。

《中国出版产业成局之道》，2008 年 1 月

对于出版产业而言，文化和产业是对立统一的两个方面，也是当前出版产业发展过程中面临的一对最大矛盾。当我们过分强调它的产业属性，忽视它的文化属性，出版业就不可能保持健康和谐的发展。

市场价值和文化价值，孰轻孰重，是社会改革发展进程中带有普遍性的根本问题，并非出版一家独有的难题。但出版的本质是文化，文化直接遭遇市场，关系到出版的存亡之道，所以显得紧迫些。

增强经济实力和单纯追求商业利益，是两个概念、两个问题。越是单纯去追求商业利益，反而往往达不到目的，或者是获得了眼前的一点蝇头小利，却把出版社的大利益丢掉了。

《文化：出版的本质与终极目标》，2007 年 6 月

文化既是自在的，又是自为的。一个民族、一个时代追求什么样的文化，应有自己的理性，如果缺失这种理性主动性，很可能会鱼龙混杂、良莠不齐甚至黄钟毁弃、瓦釜雷鸣。

《我的版权思维》，2010 年 7 月

通常认为文化存在是一种自然状态，一种自在的行为。事实上，文化也可以是一种培育的过程，成为一种自为、自觉的行为和结果。当然，最重要的是需要长期积淀。

出版和阅读都是一种文化存在状态。作为有主体意识和社会责任感的出版业人士，应该对文化的自为有自己的抱负。

《书展：培育顾客的文化之旅》，2007 年 9 月

文化至少具有两层意涵，即：第一层是显性的，表示文化的物质形态和产品生产、传播、服务方式；第二层则是隐性的，表示一种感召力、吸引力、向心力。两个层面紧密相关联，互为表里，前者是后者的具体表现形式和实现，后者是前者的内在规定和追求。

《时代赋予文化更多的担当》，2012 年 3 月

我们既需要集中体现社会核心价值观的主流文化，需要引导人们较高精神文化层次追求的高雅文化，也需要反映普通人喜怒哀乐和正当精神需求的大众文化。

各种文化不能截然分开，更不应该对立。主流文化要体现大众关怀，大众文化要体现主流价值，高雅文化要体现时代性和民族性，整体上文化发展都应当以人为出发点和归宿。

《文化建设访谈录》，2010 年 9 月

精英文化和大众文化的对立和统一，传统文化和外来文化的对立和统一，文化追求和商业利益的对立和统一，是我们的出版文化理念。

《务本之道与可持续发展》，2008 年 3 月

一切书籍的出版，其主要价值无非或在社会效益，或在经济效益，或是二者的有机统一，然而，最终必归结为具体的书籍在一

定历史时期的经济、政治、文化、社会以及专业学科上的价值和
作用。

《〈书林漫步〉自序》，2009 年 7 月

一本书的总价格算不得什么，就是全行业的总产值也算不上什
么，可一本好书会口口相传，一本坏书令社会不安。我们这个行业
所具有的权利、责任、使命值得我们热爱、珍惜并为之奋斗。

《写中国出版集团这部长篇小说是我最大的快乐》，2008 年 11 月

不能空谈多出好书，这个终极追求需要在出版社经营管理实践
中目标具体化，那就是社会效益和经济效益的统一，文化责任和经
济责任的统一，社会效益和文化责任是第一位的，是行业的核心价
值所在。

做决策时，必须要考虑市场预期和经济效益，但纯粹考虑商业
牟利，不考虑出版单位的自身品牌、出版定位、文化特色，结果常
常适得其反。

经济考核本来无可厚非，出版业需要以社会实现作为可考量的
标准。可是，产业的双重属性决定了我们确实面临着文化贡献和文
化责任的问题。

《文化大发展大繁荣形势下的出版产业》，2007 年 11 月

在市场经济中，出版业如何一方面为大众服务，一方面又为专业的发展作贡献，是一个需要正确对待的问题。

《出版企业的文化管理理论与实务》，2006 年 3 月

正确的出版方向导向是出版产业的生命线。

《出版产业改变之路》，2011 年 8 月

出版导向影响甚大，必须牢固树立政治意识、大局意识、阵地意识和责任意识。

《期刊业的发展与我们的对策》，2003 年 6 月

"做正确的事"永远比"正确地做事"更为重要。所谓方向路线正确与否是事业成败的决定因素，就是这个道理。

《在美国谈卖书》，1998 年 11 月

出版产业要坚持正确的出版产业发展方向，不能因为经济效益而放弃出版业的使命和责任，要防止"出版产业壮大了，出版却没了"和"内容产业没内容、文化产业没文化"的现象发生。

《坚持正确的出版产业发展方向　进一步加快发展方式的转变》，2011 年 8 月

出版的文化价值容易被市场所左右，甚至会被误导。一方面我们需要适应出版业市场化、产业化进程，另一方面我们又必须坚守自己的终极目标。

《进取在俗与不俗之间》，2008 年 4 月

每一个时期的文化建设，都需要高中低三个层次的文化产品生产。不能因为低端产品销量大，就都去做低端，还要考虑我们的国家和民族要有不断的创新，文化建设要不断地提升，我们的文化还要与国际交流，甚至参与国际竞争，一定要有学术创新产品和高质量产品问世。

市场是多层次的，出版快餐文化的企业，其产品是低端的，但是有需求，也无可厚非，低不是低俗之意，而是低端的大众化产品。中端产品是介于高低之间的产品，内容严肃、有一定的创新；高端产品肯定是在学术上有突破，内容上有较为突出的创新，质量上有一定的引领作用。

凡事都是在俗与不俗之间。首先我们必须宽容地对待俗，然后在俗中寻求不俗，这才是辩证思维。

做出版需要做很多通俗的受大众欢迎的畅销书，但出版如果仅仅满足通俗大众这个层面，就无法提升，它还需要有所改进、有所创新、有所开拓、有所不俗。

要做一个赚钱的书商比较容易，而要做一个有责任心的出版家，就必须在俗与不俗之间权衡，在经济效益与社会效益之间把握，有时还要经受灵魂的拷问。

不俗往往由小众而生，不俗的出版有两种归宿：一种是永远处在金字塔尖的、小众的作品，它会对社会文化长期发展产生影响；另一种就是由不俗变成新的俗，由小众作品发展成大众读物，它会推动社会大众文化不断繁荣。

我们需要对俗有一个透彻的认识，不被查禁、不犯错误只是底线，但不要把底线当成了高度。用底线做思维容易陷入犬儒主义。

出版是一个文化传播、知识传播以及精神交流的过程，对人产生长期影响，所以天然地具有公益性。

《进取在俗与不俗之间》，2008 年 4 月

出版是一种具有相当高度的精神活动。

高尚的出版精神，是出版之本，是出版之魂，是出版之精要，是出版之所以能够受到高尚的人们尊重的缘由，是人类文明中可宝贵的精神财富，是出版业得以健康发展的根本保证。

出版的精神内涵很丰富，包括文化精神、科学精神、服务精神、商业精神、学习精神、职业精神和职业道德。

文化理想、文化精神、社会责任，是出版精神的主干，具体到从业过程中，职业精神和职业道德，则是出版精神的外化和具体化。

一个出版机构，被学者、作家们乃至读者们看重的最终还是出版精神。这正是大社名社的"大"和"名"的原因之所在。

出版业在进行改革发展、做强做大等宏大叙事的时候，在为市场、营销、效益、利润这些正当的经营成果欢欣鼓舞的时候，还应当大张旗鼓地弘扬出版的精神。

《我们需要什么样的出版精神》，2007 年 2 月

出版者职业精神和职业道德的核心是诚信和服务，诚信于质量，服务于作者和读者。

《培育出版的精神》，2005 年 5 月

从出版活动对人类社会的价值来看，出版公共性的首要要求就是有益于人类发展、社会进步和世道人心。

出版业的公益价值永远要远远大于其所创造的经济价值，正确认识出版与公益精神的关系是一件很有现实意义的事情。

出版的公益性需要特别显明地体现在传播的有效性上。

传播的有效性已成为保障出版公益性的主要条件，思想文化价值突出的出版物，只有通过积极的市场营销活动，才能产生最好的传播效果。一本好书的社会价值，往往会因其传之不远而大打折扣。

出版的公益性，突出体现在对广大人民群众文化需求的满足上。因此，出版活动在传播精英文化、满足高端需求的同时，应更加重视大众读物的开发，要对畅销书给予充分的重视和尊重。

出版物价值的判断标准，最根本的应当是其社会公益影响力的大小，而不能简单归结于发行量的多寡。

《出版与公益精神》，2008 年 5 月

要正确处理好出版产业双重属性、两个效益的关系。既要强调意识形态属性，又要注重产业属性，既要坚持社会效益第一，又要实现社会效益和经济效益相统一。

《从哪里来 到哪里去》，2003 年 12 月

价值追求和道德诉求是出版企业产品设计、生产、经营的内在基础。出版企业有什么样的价值追求和道德诉求，就会生产出相应文化品质的出版物来，内在逻辑与运作规律基本如此。

一个文化品位低俗，道德堕落的出版企业，再怎么以出好书为

自诩，终究行之不远。这正是一些出版企业的产品良莠不齐的内在原因。

《记住你是谁》，2006 年 5 月

我们要全面地判断和追求出版产业经济效益，不能一说市场，就用一时的经济效益来评判产品的价值，而需要把近期和长远结合起来考虑。

《创新与发展》，2009 年 3 月

对于出版企业来说，经济效益是最低端的要求，是生存之道。中端追求是经济效益与社会效益相统一的效益。而出版更多有文化价值的图书是我们出版企业的高端追求。再进一步，那就是文化追求。

《出版企业的文化管理理论与实务》，2006 年 3 月

以现实和发展的眼光来看，真正能获得良好经济效益的图书，最终还是那些有真知灼见的，有创新意义和积累价值的学术、文化精品，是内容质量优秀的好书。

书稿的主要观点和内容是否正确进而能否出版，无疑是出版社首先要做出决断的，但是，不能说一部书稿观点对了，内容没问题了，社会效益也就好了，更不可以用不犯错误作为基准。

一部书稿，观点、内容虽无错误，但缺乏创见，人云亦云，此也一试论，彼也一初探，显见是二道贩子的学术赝品，其实都早有母本论过探过，是产生不了良好社会效益的。

一部书稿，大话空话连篇，而对我们改革开放的现实，特别是对广大人民群众普遍关心的问题，对与人民群众利益密切相关的热点、难点、疑点问题基本上视而不见，或者是毫无研究，是产生不了良好社会效益的。

一部书稿，表述缺乏艺术性，或者刻板守旧、味同嚼蜡，或者故弄玄虚、巧言令色，使得读者反感，不忍卒读，是产生不了良好社会效益的。

一本好书，通过出版工作者有效的营销推广，在特定的社会和文化层次上，受到尽可能多的读者喜爱，或者对先进文化建设和社会进步作出了特殊的贡献，才能称得上实现了应有的社会效益。

一部书稿，可不可以出版以及如何向特定的读者推广，并最终对文化建设和社会进步产生积极的作用，也就是最终实现应有的社会效益，二者之间隔着千山万水，这当中还有大量的事情要做。

面对无可挑剔的好书，倘若我们不能做好经营推广工作，不能让好书在社会上得到应有的流通，不能帮助它与学界和特定的读者见面，其社会效益还是要大打折扣。

《社会效益浅议》，2002 年 8 月

一部散发着腐朽文化气息的出版物，无论部分读者出于怎样的心理原因和精神需求去购买，都不能把他们当成最广大人民的情趣诉求。

《贯彻"三个代表" 重在整体落实》，2001 年 9 月

社会效益是一个全面的高标准的要求。我们对于这一重要性的认识，不能停留在不出坏书的基本要求上，也不能局限于有无出版物夺大奖的一种标准上。

《抓住重点环节 发展出版产业》，2002 年 12 月

文化产业，既负有文化责任，也承担经济责任。文化与产业的评价，一定要科学地处理好，这是产业的评价机制问题，需要创新。

《文化软实力与出版创新》，2007 年 11 月

中国出版产业的评价体系建设决定着国家对产业的科学管理和有效引导的能力。这件事情说起来容易，做起来则大不易。既需要认识到位，需要价值体系的完善，还需要对考评程序的把握，更需要专业人士操持。

《书市归来说价值》，2007 年 5 月

出版产业作为文化产业的一部分要有两个目标指向，一个是文化贡献力，一个是产业经济实力。整个出版产业对经济社会的贡献应该是受到经济指标制约的文化贡献和受到文化贡献指标制约的经济贡献之和。

我们通常是用一个刚性的经济指标来衡量和评价出版产业，对文化贡献力的评价经常是缺失的。一定要建立一套文化指标体系，这个体系主要不是刚性的而是程序性的，用程序的科学性可以一定程度上保证评价的科学性，可以采用抽样性的评价、访谈式评价、专家主持的程序性评价等方法。

《写中国出版集团这部长篇小说是我最大的快乐》，2008 年 11 月

出版业的真正核心竞争力是对社会的文化贡献力。深入理解并抓住这一根本，才能做到产品生产上追求文化价值，渠道开拓上符合市场有序竞争的产业伦理要求，从而获得自己的核心竞争力。

《文化：出版的本质与终极目标》，2007 年 6 月

一本好书，人人争相传阅，一本坏书，弄得人心惶惶，这不是单纯的经济指标可以反映出来的。这就是文化产业与其他产业不能等量齐观、同等对待的理由。

《文化大发展大繁荣形势下的出版产业》，2007 年 11 月

如何评价出版企业的社会效益、经济效益和出版企业内部各种活动的效益，这是一个亟待科学解决的问题，其中充满了出版物价值评价的难题。但是，出版物必须要有社会效益科学评价的办法，否则将举目四顾心茫然，这是毫无疑问的。

《出版企业的文化管理理论与实务》，2006 年 3 月

出版企业内部必须有一些社会效益的评价办法，一是要成立评价组织，二是要确立评价程序，通过评价程序得出一定程度上的公平公正的评价结果，使之进入我们全面评价的结果中来。

《出版企业的文化管理理论与实务》，2006 年 3 月

"三贴近"提供了一个重要的客观标准。实际、群众以及文化生活需求是可以分层次的，不同层次的图书，要符合相应的不同层次群众以及实际的需要，这才是"三贴近"的具体内涵。

《再谈出版产业发展的重点环节》，2003 年 6 月

出版产业需要创新。从传统出版来说主要是内容形式的创新，从产业的视角来看主要是产品创新。

产品创新是出版产业创新的基点。出版业要用更好的专业态度和职业精神来做书才行。

《写中国出版集团这部长篇小说是我最大的快乐》，2008 年 11 月

出版更多时候表现在创新的追求上。出版的创新不能迷恋于经营理念的创新，更要抓住出版物内容的创新和形式的创新，这是一个基础。

《文化：出版的本质与终极目标》，2007 年 6 月

书业是一个经营内容的行业。

《版权合作：一种双向的选择》，2004 年 8 月

内容创新为王，营销创新为相，企业建设创新为本。

内容是出版之本，是出版工作之所以受到人们尊重的基本点，我们首先要在这个基点上创新。

《创新时代：出版社创新面面观》，2003 年 2 月

"内容为王"是第一位的，不可以用"渠道为王、资金为王、技术为王"来替代"内容为王"，即使三者都为王，内容也是王中王，否则出版产业就很难有大的作为。

《中国出版产业成局之道》，2008 年 1 月

好书永远是书业成功的先决条件。有了好书才可能有好的结果，否则，从一开始就注定是一个错误之旅。

《版权合作：一种双向的选择》，2004 年 8 月

内容是出版的核心，这一点非常重要。如何获得内容、如何创新内容、如何传播内容、如何经营内容，而经营里面又包括了延伸产业链、增值价值链，这些都是我们需要考虑的。

《以更广阔的视野谋划未来》，2008 年 4 月

一个因循守旧的出版企业，无论如何标榜创新，终究出版不了几部创新之作。

《记住你是谁》，2006 年 5 月

在优秀出版人的眼里，总要做别人不曾做过的书，总要在出版物的内容里发现可以积累的文化，总要发现别人不曾发现的价值，才算得上有出息，才是创新。

《创新与发展》，2009 年 3 月

出版创新特别要立足于做书，做好书，做好精品书。出书人不用心做书，没有比这件事情更令读者悲哀的了。

《文化大发展大繁荣形势下的出版产业》，2007 年 11 月

从长远的观点来看，一个出版社成功与否，不主要在于出版了多少书，而主要在于出版了多少被人们公认、被历史证明的精品书。

出版规律表明，精品书不一定是大书，而大书往往难得成就为精品书。恰恰相反，精品书通常是小书。

出版行业精品生产规律和社会供需关系几乎与行政的兴趣和意志相悖。这样就出现了财政支持力度越大，精品出版物越发不易出现的背反关系。

《精心才有精品书》，2012 年 8 月

出版内容的创新问题是出版工作的基点，不是问题的全部。作为出版产业的出版社，还要讲经营管理的创新，制度的创新，市场的创新，销售的创新，出版物各种要素的创新。

如果宽泛地理解出版创新，出版物的创新方法可以列出十条、二十条来，但还是要强调最高追求，那就是，无论是天罡三十六变，还是地煞七十二变，万变不离其宗，内容原创还是正宗第一法。

《创新时代：出版社创新面面观》，2003 年 2 月

当许多出版人哀叹出版这碗饭不好吃的时候，当许多出版人埋怨图书市场变幻多端，读者兴趣的轴承太过灵动，不知道明天他会喜欢哪一本书的时候，我们却较少意识到我们的出版物到底具有多少读者们不曾见到过读到过的东西。

如果我们能为读者提供有新意的、质量可靠而价格合理的出版物，我们的出版企业就具有了生命力和竞争力，拥有这样的出版物越多，我们的生命力和竞争力就越强；反之，则可能是生产纸张垃圾的能力很强，而生命力和竞争力则越弱，直至难以为继。

市场要创新的品种，读者要作家的新作，当市场逐步有序和读者变得比较理性之后，出版物的创新含量越大，越能为出版企业的创新和发展带来源头活水。

《创新才会赢》，2000 年 12 月

对于一个出版机构，要想保证自己长期立于不败之地并且持续发展，除了要拥有必要的人力、物力、财力和版权积累，最重要的也就是要保持着盛旺的创新能力，不断推出创新的具有良好效益的出版物。

《创新：文学出版的生命》，2000 年 12 月

内容形式创新有多方面的要求和路径。即便是对传统文化的一点创新性阐释和普及，也是一种文化发展创新，都会产生意想不到的效果，都会具有出版传播上的创新，都会激活传统文化普及解读的热潮。

《文化软实力与出版创新》，2007 年 11 月

原创应当成为文化产业的目标要求和核心要求，特别是文化产品内容的原创，往往具有不可复制性，因而就更具有创意价值。

一个时代只有做到既有传承又有原创，既有继往又有开来，而且主要是生产出标志性的优秀原创作品，其文化景象才可能受到后世的敬仰。

《创新的核心在原创》，2008 年 5 月

出版产品需要创新。内容产品和服务产品两个方面都需要体现创新的要求。内容产品创新是出版产业的出发点和归宿，也拥有最为广阔的空间。服务产品体现出版产业的服务能力和实现水平，包括渠道创新、营销创新、技术创新等。

《出版产业：全面创新理念与实践》，2007 年 3 月

出版业让人看得见的是产品和渠道，真正的核心是给人留下深刻印象、影响人心灵的作品。

《文化：出版的本质与终极目标》，2007 年 6 月

出版处于产业链条核心，却不等于产业链的全部，成功的出版要依赖其他要素。既然是内容提供商，就应该向两头延伸，到作者那头去寻找资源，到读者那头去推销。

作为一个产业来说，当然既要有自己的产品，又要有自己的渠道，还要有自己的资金。这三者结合起来才能形成一个强势的产业。

《中国出版产业成局之道》，2008 年 1 月

出版企业自身价值链的第一位就是出版物产品，是企业价值链的核心。

任何企业的价值链都是由一系列相互联系的创造价值的活动构成。要把握住出版产业的价值观，首先要分析企业自身价值链的品牌价值、经营状态、团队实力、可持续能力、企业文化等，还要对出版企业的资源价值链、渠道价值链、市场价值链、产业地位价值链、顾客价值链等进行分析。

出版业的顾客价值链，一方面是顾客为企业创造的价值，包括持续的需求，另一方面是企业为顾客创造的价值，包括顾客对出版物的满意、精神的满意，还包括顾客对文化特点、性价比例、企业形象、人员形象、品牌形象的满意度。

企业只有为顾客作出了贡献，实现了良好的顾客价值，才可能得到顾客价值的回报，获得良好的社会评价、销售收入和利润。想一想，一本好书能传得多广阔，一本劣书又能殃及多久远，也就明白出版业的顾客价值链能延伸得多长多宽了。

《书市归来说价值》，2007 年 5 月

出版产业改革应该遵循三大基本规律，即社会主义市场经济体制条件下的出版产业发展规律、市场经济规律和出版工作的规律。这三大规律是改革需要审慎思考的基本原则，也是改革的目标。

《打造国际一流出版传媒企业》，2010 年 7 月

要解放和发展文化生产力，既要顺应时代发展要求，又要妥善处理好继承与创新、引领与包容、开放与防范、社会效益与经济效益、文化发展与产业发展等关系。

《文化建设访谈录》，2010 年 9 月

改革的出发点、落脚点和归宿，都必须是出版主业的大发展，而不是疏离于出版，甚至蜕变成为其他行业。

《五年历兵秣马　今朝再飞冲天》，2009 年 8 月

文化体制改革中，最突出的问题就是如何把社会责任放在首位，坚持社会效益和经济效益的有机统一。

《挺拔主业　内容为王》，2011 年 5 月

出版企业要实现全面协调可持续发展，必须把体制机制创新作为最根本的创新。

《在中国出版集团公司全面加强经营管理》，2011 年 2 月

产品创新是基点，传播方式创新是关键，体制机制创新则是根本。

《写中国出版集团这部长篇小说是我最大的快乐》，2008 年 11 月

出版社的改革和发展，最终目的是建设可持续发展的现代出版企业，而要达到这个目的，就要进行体制机制改革，进行制度创新、组织创新、生产经营流程再造、人才队伍建设和企业文化建设。

《创新时代：出版社创新面面观》，2003 年 2 月

一个人学习的能力比现有的知识更重要，一个企业的核心能力比企业的产品更重要，制度创新就是出版企业的核心能力。

一个出版企业要在出版物品种、出版方式和出版物市场等方面持续创新、屡创佳绩，一个基本的先决条件便是这个出版企业必须做到制度创新。

出版企业必须认真探讨企业的制度创新问题，必须以创新的精神来对待出版社内部经营管理制度的调整和建设。这是投入一场战争之前军队的组建和命令的预设，这是一支足球队尽管球星如云却必须进行的位置调配、战术部署和教练思想的贯彻，这是工欲善其事必先利其器。

《创新才会赢》，2000 年 12 月

在现代出版企业里，制度创新的第一点就是建立权责明确、灵活主动、积极高效的部门组织。第二点就是要以制度管人，通过制度来实现机制建立，以机制来教育人、约束人，调动员工积极性，保证生产经营的秩序和效率。

建设可持续发展的现代出版企业，国有资产主管部门授权和考评办法要解决，一定意义上说，这是现代企业建设的根本，不解决许多事情就无法可依。

《建设可持续发展的现代出版企业》，2000 年 12 月

企业是市场主体，培育合格的市场主体，这就是出版社转企改制的主要目的。

《五年厉兵秣马　今朝再飞冲天》，2009 年 8 月

中国出版业若想做强做大，必须有大的市场主体，当然不是一大就强，但如果想强的话，不大是不可能的，真正强必须大。

《集团化创新发展思考》，2010 年 1 月

出版业市场化程度不高的深层原因是产业实体缺乏市场意识和市场感觉，对市场不敏感、不熟悉，缺乏搏击市场的勇气和能力，没有形成真正意义上的市场主体，所以要转企改制，塑造新型市场主体。

体制机制创新的最终要求是建立现代产权制度和现代企业制度，有了这两个制度，体制机制创新就有了基础。

产权明晰了才能进行现代企业制度建设，建立了现代企业制度才能使产权明晰。有了产权制度才能进行资本运作，才可能有真正意义上的战略合作，才可能进行联合重组。

《写中国出版集团这部长篇小说是我最大的快乐》，2008 年 11 月

出版产业体制改革的任务是重塑市场主体，完善市场体系，改善宏观管理，转变政府职能。重塑市场主体只是其中一个方面的任务，这是需要特别指出来的。

出版企业改革是一场深刻的企业革命和文化创新，既需要有创新的精神，同时要循序渐进，按照出版经营和市场经济的规律推进。

由于体制改革的推进，出版企业的固有难题可能呈现突显之势，这当然符合事物发展规律，而难题的突显愈发体现了改革的必要性和紧迫性，对我们提出了从理论和实践结合上予以妥善解决的任务和要求。

书生意气、行政级别、官府做派、衙门作风，和我们的优秀品牌、丰厚资源一起，形成了我们出版业的传统，这个传统有时候就是某些难题。但绝不能不有所改变，除非我们不打算有所作为，除

非我们不敢有所作为，除非我们打算奉行犬儒主义。

《当前出版企业经营管理主要难题与对策》，2005 年 12 月

出版集团化的过程中，产权关系是最重要的。所有者不能老想当老子，出哪一本书、如何经营都体现老子的意志，这在法理上是不清晰的。所以说，产权关系既是法理问题，又是实践问题。

《中国出版产业成局之道》，2008 年 1 月

转企改制只是出版产业化发展万里长征走出的第一步，出版企业距离建设成为合格的市场主体的目标还有很大差距。

《出版产业改变之路》，2011 年 8 月

出版产业的体制机制改革，一方面是要激活产业内部的创造力和生产力，另一方面是要制定符合产业发展规律的、具有指导性的产业政策，引导产业可持续发展。

《树立信心　迎难而上　积极应对严峻复杂经济的挑战》，2009 年 3 月

改变现存的以计划和行政方式进行资源配置所带来的弊端，是转企改制后要进行的一个重要工作。

《中国出版集团公司加速优化资源配置》，2010 年 6 月

出版业实现真正的市场化还有很长道路要走，市场体系的建设还处在比较初级的阶段，建立行业交易标准，加强行业管理和市场监管，仍然需要政府和行业组织做出坚持不懈的长期努力。

《中国出版业：现状与趋势》，2009 年 4 月

出版单位转企改制之后就是平等的市场主体。如果出版单位还不能正确认识自己所拥有的资源以及市场经济条件下的公平合理问题，不能及时地安排好自己的经营机制，肯定会影响出版社的经营发展。

《创新与发展》，2009 年 3 月

数字化对期刊业的冲击将愈演愈烈，如何通过创新并结合多媒体经营拓展新的发展契机已成为整个期刊业的重要命题。

传统期刊业需转变观念，将数字出版作为传统出版单位的整体转型方向，提高到生死存亡的高度和战略发展高度来研究和应对。

中国的期刊业者需抓住机遇，加快数字化探索步伐，突破以往单纯依靠发行和广告收入的运作模式，为期刊产业发展开辟新途径，否则将坐困于围城。

虽然数字化投入较大，但期刊业如果解决了市场化和集约化的问题，就不存在资金和技术上的困扰。

期刊业需加快数字化步伐，提前布局，一方面要立足内容优势，选择好数字时代的期刊定位；另一方面要根据市场情况和自身状况，制定出符合自身发展的数字出版战略。

市场化必然要求产业要提高集中度。产业集中度低，就难以在成本、渠道、营销、内容等领域形成竞争优势，缺乏规模优势和集约优势，在市场竞争中就会处于不利地位。

内容生产必须成为期刊的主线，成为期刊生存与发展的根本之道。

期刊的创新首先要从内容开始。内容创新主要体现在栏目设置、文章题材和表现形式与时俱进，不断地完善与提高，使得内容质量与市场需求相适应，最大限度地满足广大读者对期刊内容新的需要，增强读者的忠诚度。

期刊业需推进集约化经营。期刊的分散化经营不利于发挥出版单位的规模经济和范围经济，不利于形成和提升期刊的竞争优势，不利于提高我国期刊业的整体实力和竞争力。

期刊业要积极开展多元化经营，大力发展论坛、会展、咨询等增值服务销售，并在此基础上积极引入战略合作伙伴、社会资本和先进的运营理念，实施跨媒体、跨领域的发展，打造新的盈利点。

期刊集团和出版集团可以充分发挥其渠道、资本、人力、制度、成本、内容、品牌等优势，充分利用其较为完善的产业链、价值链，促进期刊的跨越式发展和可持续发展，还应鼓励各种期刊跨地区、跨行业、跨媒体联合兼并重组。

　　　　《市场化、数字化环境下期刊业生存与发展的思考》，

2009 年 12 月

　　出版产业要发展、规模要扩张，资本是个重要的因素。在市场经济条件下，有多大资本，才可能有多大规模；资本的正当追求，有可能带来文化的发展繁荣。

　　　　　　　　　　　　　　《我的版权思维》，2010 年 7 月

　　产业化运作的基础是企业运作，企业运作要符合市场规律。

　　产业化运作无非是两种经营，一种是产品经营，一种是资本经营，两种经营都必须经过市场化运作，要根据市场需求来投入产出。

　　出版产业化运作有规模要求，要有相当的量，所以需要引入战略投资者，需要联合兼并重组，需要"引进来"、"走出去"，需要提高读者消费文化产品的能力，需要整个国家经济社会的发展。

　　　　《写中国出版集团这部长篇小说是我最大的快乐》，2008 年 11 月

产业要发展，凡事还是多看实效，少去感受和顾及那些扭曲封闭的心态，这才是企业家应有的胸怀。

《文化大发展大繁荣形势下的出版产业》，2007 年 11 月

出版业发展如马拉松比赛，是积小胜为大胜，最需要持之以恒，最需要宁静而致远，或者不宁静（因为随时有竞争）但一定要致远，既要明确近期目标又要重视长远目标。

出版业是一个亟需要长期积累的行业。出版社没有长期大量的版权积累，没有文化消费的品牌和信任感，想做大是不可能的。

《出版社经营管理的辩证思考》，2002 年 12 月

我国文化产业集中度明显偏低，市场分散，成本过大，效率偏低，应在"政府主导、市场运作"的原则下，加快推进结构调整和资产重组，通过跨媒体、跨地区、跨行业、跨所有制的战略重组，尽快提高产业集中度。

《抓住新机遇　实现文化产业新突破》，2009 年 5 月

结构调整应当成为出版产业发展的主要途径。

出版产业优化的结构应当是多层次框架式结构，既要有作为产业大厦框架支柱的集团式大型出版发行机构，也要有作为产业大厦

各种层次的中小出版发行机构。

中小出版发行机构不仅可以体现出版物市场的多样性、广泛性和丰富性，满足人民群众不同层次的精神生活需求，也是民族出版业繁荣的基础。

　　　　　　　　　　　　《抓住重点环节　发展出版产业》，2002 年 12 月

出版业优化结构首先是优化出版业的整体结构，根本的任务则是要优化出版产业结构，包括优化出版物品种结构、出版物介质结构、发行结构、人才结构等。

优化结构就是根据包括市场需求在内的广大读者的实际需求来调整产业的结构。否则，我们的产业结构很可能就是重复投资、重复建设的结构，是某些长官意志、上有好者、首长工程的结构。

优化结构，我们应当对现有的出版业存量进行结构性重组，国家和地方的出版业均应有产业发展战略和规划，通过各种形式的投资、联合、兼并，做强出版主体，改善产业结构，小大由之，形式灵活，不均衡发展，壮大出版业的整体实力。

优化结构，我们应当努力避免出版企业盲目追求外延性扩张和生产体系的小而全，应因地制宜、因资源制宜、因市场需求制宜。

　　　　　　　　　　　　《出版产业化与结构优化》，1997 年 10 月

出版业产业结构需要创新，要从以教材为主逐步转化为教育出版、大众出版和专业出版的合理结构，特别要做强大众出版。

《全民阅读与出版人的责任》，2007 年 4 月

改革必然包括产业发展方式的变革，转变发展方式是产业改革走向深入的必然要求。

在国内、国际环境下，出版业在传统的发展模式下已经走到了发展极限，因此必须下决心转变发展方式，通过资源优化配置，不断适应世界经济和文化产业发展的新形势、新格局、新趋势，使产业焕发出新的活力。

对脱胎于计划经济体制下的传统出版业来说，发展方式的转变不啻一场深刻的产业变革，要实现可持续发展，就必须加快这一转变。

出版产业体制改革的目标和根本要求，就是按照出版产业发展规律和经济规律，解放和发展出版生产力，实现产业的快速、健康、可持续发展。

加快发展方式转变要从企业可持续性发展的长远目标来加以考虑。

加快转变经济发展方式既是战略任务和改革发展的主要内容，

又是实现新闻出版强国目标的重要路径。

没有体制上的重大创新、制度上的重大突破，就难以实现发展方式的转变。

在转变出版业发展方式过程中，第一步是培育合格市场主体，而发挥市场配置资源的作用则是必由之路。

《中国出版集团公司加速优化资源配置》，2010 年 6 月

出版产业改革以科学发展为主题，以加快转变发展方式为主线，着力推进若干重点转变，确保出版产业在深化改革方面走在文化体制改革的前列，在加快发展方面继续保持领先和主力军的强劲势头，实现整个产业健康、优质、高效的发展。

出版产业发展规划的着眼点应当是解放和发展出版生产力，进一步提高产业的核心竞争力和服务国家、社会的能力，其主要途径应当是转变发展方式。

出版业加快转变发展方式需要重点把握四个着力点：由粗放型增长向集约型增长转变；把出版物经营重心由出版集团向出版社转变；从纸质出版向全媒体出版转变；向出版产业与其他产业的融合转变。

规模化发展容易形成粗放型增长，出版产业应当更加重视集约

型增长，更加重视提升产业价值、企业效益、产品的质量，培育产业、企业核心竞争力，更加重视文化贡献力和经济贡献力的综合评价，特别是要着力打造既体现中国文化特色又具有国际传播能力的出版产品和品牌。

出版产业既要规模，更要质量和"双效"，要着力形成集约型健康发展的良好态势。

《"十二五"，努力加快产业发展方式转变》，2011 年 2 月

加快经济发展方式的转变是又一轮的改革创新。按照常规发展模式，目标显然很难实现。这就需要突破常规，在企业内部运行机制、激励机制、管理方式、传播内容、传播手段、盈利模式等各个方面不断加大企业发展方式的创新。

出版产业加快发展方式的转变，最根本的一条就是加强统筹兼顾，实现全面协调可持续的发展。

转变经济发展方式，就是经济体制要更新，经济增长方式要转变，经济结构要优化，支柱产业要调整，文化产业将成为国民经济的支柱型产业。

《在中国出版集团公司全面加强经营管理》，2011 年 2 月

我们需要以创业的精神，坚持出版方式和经营方法的创新。集

约化经营是我们的必由之路，规模化经营是我们追求的目标，高新技术是我们开拓进取的重要手段。

《永远行进在创业征程上》，2001 年 3 月

出版产业化的发展任重道远，出版企业在资本和经营规模、产业集中度、市场控制力三个方面与国际水平差距明显，严重制约了传播能力的提高。

集团化、转企改制、股份制改造、融资上市，这些现代出版产业的做法，是我国出版业在市场化发展道路上必须经过的关隘。

《中国出版业：现状与趋势》，2009 年 4 月

规模化经营和集团化发展是中国出版产业做强做大的必由之路。

《集团化创新发展思考》，2010 年 1 月

要在国内和国际的竞争中增强核心竞争力并具备较强的综合实力，产业化发展是必由之路，而集团化则是实现产业化发展和规模化发展的重要方法。

《大步迈进出版业的明天》，2010 年 8 月

出版业产业规模扩张应当以资产经营、培育和引进战略投资者为重要手段。

《科学发展观：出版业的责任与发展》，2007 年 10 月

出版发行集团公司的建立，进一步提出集约化经营的要求，产业的集中度正在得到明显提高。我们只是希望集中的方式不只是行政区划，而要形成产业内外更多的强强联合或者资本交易。

集约化只是一个原则，检验发展方式正确与否的最终标准还在于每一个产业组织的实际情况和经营效果。

《改革创新：我国出版业发展壮大的不竭动力》，2008 年 12 月

►►►**3**

经营智慧

JINGYING ZHIHUI

经营永远是书业成功的必备条件。

经营的任务是完成从书籍自身的此岸到达市场读者的彼岸，是过河必须解决的桥与船的问题。

内容不是书业的全部。有人说好书才好卖，这种说法不免失之于简单，容易进入伪因果关系的误区。在出版行业，内容还必须付诸经营。

《版权合作：一种双向的选择》，2004 年 8 月

出版社经营管理主要是指：通过一系列的组织结构、生产经营流程、投入与产出运作的决策和实施，利益管理和分配，企业化建设和员工管理，最终达到获取效益和积累资本的目的。

出版产业要想实现发展壮大的目标，就必须对出版社经营管理的规律进行深入研究，必须更好地掌握出版社经营管理方面的知识和方法，必须尽快提高出版社经营管理的整体水平。

对出版社经营管理规律的研究，对出版社经营管理知识的交流，已经成为出版理论与实务研究中的一大热点，并将持续下去。

出版社经营管理研究属于管理科学中的一部分，既包含一般管理学的规律，又涉及领域管理学的知识，而更多的则属于企业经营管理学的范畴。

研究出版社经营管理，主要就是研究出版社经营管理的目的、意义、规律、原则以及方法等问题。通常所说的出版物营销等问题，是在出版社经营管理的规律、原则指导下的具体业务，属于出版物营销策略、技巧、经验一类的知识，应当放到出版营销学里去讨论。

经营管理要提高专业化程度，这是规律要求和实际需要。

随着改革的不断深化，效益的好坏愈发成为出版社成功与失败、生与死的生命线、分水岭。出版社经营的月度效益、季度效益、年度效益、中长期效益，包括资本经营效益，应当成为出版社各个时期的核心工作。

出版社的改革、发展和稳定，无论是从效果考虑还是从治社策略出发，都应当围绕着实现经营效益的需要来安排。

无论是从现实效果来看，还是从长远利益来衡量，通过有效的经营，实现两个效益，始终是出版社经营管理的硬道理，是检验出版社全面工作的最主要的指标，是出版社一切工作的出发点和归宿。

要抓好出版社经营管理，首要的是，必须牢牢把握住出版社经营管理的基本矛盾，即能否获得最佳的社会效益与经济效益的矛盾。这一基本矛盾反映着出版产业的主要特点和质的规定性，是出版产业区别于其他产业的基本点和目的性。

效益是出版社经营管理的基本矛盾，出版社的一切工作要以此为中心来开展。否则，许多貌似辉煌、炫耀一时的活动都可能事倍功半，或者不得要领，或者得不偿失，或者劳民伤财，或者无疾而终。

事物除基本矛盾外，每一时期里还会出现主要矛盾。有时基本矛盾和主要矛盾同一，有时则不同一，但肯定是相互联系的。倘若主要矛盾解决不好，将影响着基本矛盾的解决。有时，一个时期里主要矛盾的尖锐性和重要性，以及对出版社的影响，甚至会超过基本矛盾。

基本矛盾体现的是出版社经营管理中要抓住的基本点，而主要矛盾则是出版社经营管理过程中需要解决的重点、难点和突出问题，往往还是绕不过去的关隘。这就需要我们在经营管理过程中解放思想，实事求是，与时俱进，在解决好基本矛盾的同时，及时发现主要矛盾，解决主要矛盾。

出版社经营管理需要解决的主要矛盾是理顺体制机制、深化体制改革和建设各项机制，进而建立现代出版企业制度。

建立健全经营管理的各项机制，一直是出版社的主要矛盾，其中最为引人关注的是分配制度改革和激励机制的完善。在这个问题上，必须兼顾国家利益、出版社整体实力的壮大和员工收益的提高这三个方面，决不是合伙人分利润。否则，整体发展、可持续发展将无从谈起。

出版社经营管理无疑要坚持一切从实际出发，出版社在体制机制创新、品种创新、出版方式创新和市场创新过程中，要坚持从客观情况和自身条件出发。任何不顾实际情况和自身条件的生搬硬套、邯郸学步、东施效颦，都是十分危险的。

从事出版社经营管理，出版业内形势如何我们不能不有所了解，出版物市场态势我们不能不有所把握，出版社的改革也应当与国家和整个行业的改革协调进行，还要从本单位的主要实际出发。

坚持一切从实际出发，出版社经营管理必须重视确定改革和发展的目标，包括近期目标和长远目标。目标一旦确定，就要注意分阶段实施，坚定不移地向着远大目标迈进。

坚持一切从实际出发，出版社经营管理必须与时俱进。与时俱进，关键在于识时与求进。这是两层意思，一是要积极进取，二是要循序渐进。因循守旧将会错失发展良机，急于求成则欲速则不达，总是有害于事业。

出版社在一个时期争第一是容易的，而要永远保持第一是困难的。为了使出版社保持良好的经营状态，就要既有阶段性目标，扎实进取，又需要有长远的打算，未雨绸缪，夯实基础，从而实现持续发展。

《出版社经营管理的辩证思考》，2002 年 12 月

出版企业要形成人人谈改革、人人想创新的良好风气，把创新能力建设作为全面加强经营管理工作的落脚点、关键点，不断推进经营管理的改革创新。

全面加强经营管理，是坚持科学发展主题的核心内容，是加快发展方式转变的重要抓手，是实现企业集约型增长的主要路径。

业内竞争日趋激烈，业外进入者来势汹汹，科技发展日新月异，加上我们本来并不坚实的经营管理基础，转变发展方式，加强经营管理的任务就显得十分紧迫。

出版产业具有文化和产业的双重属性，一个轻视甚至无视经营管理理念和实践的出版企业，将难以上规模、聚实力、作贡献，难

以占领更大的出版市场。

在加强经营管理的实践进程中，既要讲改革创新，又要讲加强规范；既要摈弃不合时宜的东西，又要把好的东西、创新的东西确定下来。

一个企业基业常青取决于四个层次的状况，一是管理实践，二是制度构建，三是团队状态，四是文化建设。四者是一个整体，相互关联。企业往往要通过这四个层次的实际运作，不断提高经营管理水平，保持企业旺盛而持久的生命力。

加强经营管理的规范，主要是通过加强制度建设，建立健全现代企业制度。现代企业制度的内涵非常丰富，各项制度关联度很高，需要全面协调、统筹兼顾进行建设。同时，各项制度建设必须细化，以便于执行和考量。

《在中国出版集团公司全面加强经营管理》，2011 年 2 月

出版企业是"非纯企业"，同时还要防止"纯企业化"的倾向。出版企业具有国有企业的一般性质特征，应当按照国有企业的一般要求进行经营管理；但出版企业还具有意识形态和产业的双重属性，又不能按照一般国有企业来看待。

由于"非纯企业"性质，出版企业有可能把自己的传统积弊当成落后的保护屏障。首先应该按照一般企业来管理，否则改革会被

消解；反过来，"纯企业化"又可能使产业的文化价值受损，改革被引入消解文化的歧途。这是一个悖论的逻辑关系。

《当前出版企业经营管理主要难题与对策》，2005 年 12 月

出版企业作为市场竞争主体，必须通过自主发展、自主经营来做强做大，强化企业的市场核心竞争力和综合实力。

《谈资本》，2011 年 7 月

出版机构要有自己具体的长远目标和中近期目标，并通过出版和经营去实现。

《光荣与创新——寄语中华书局》，2007 年 11 月

出版企业的战略规划需要体现我们的终极追求，明确切实可行的中端需求，解决低端的生存和发展条件。

《出版企业的文化管理理论与实务》，2006 年 3 月

出版企业的战略管理必须做，而且必须严肃地做。

实施战略管理，首先要求我们在思想上提高对战略管理重要性的认识。

实施战略管理是认清所要追求的重要事业，保持正确的长期发展方向，对一切行动都有目标、都有方法、都有落实的基础和保证。

战略是今天和明天的统一，是理念、目标、计划和实施的协调，是核心能力、价值链、产品市场定位和资源的优化整合。

实施战略管理，要求我们提高战略决策的科学性和前瞻性。

公司战略制定得越是周全缜密，既定战略的执行越是有效有力，公司就越有可能在市场上获得竞争的成功。

全面、协调、可持续地规划战略发展，要求增强严肃性和协调性。其中，最重要的协调是战略和组织能力之间、战略和奖惩制度之间、战略和内部支持体系之间、战略和组织文化之间的协调。

增强战略管理的严肃性和协调性，是出版集团对自身的要求，也是对成员单位的要求。确保战略实施完成的基本条件就是要将整个组织统一起来，将组织内部的运作方式和战略成功的必要条件协调起来。

公司的管理者如果不从战略的高度思考公司未来的发展方向，或者对于公司究竟沿着哪个方向发展犹豫不决的话，公司就很可能随波逐流，不可能发展成为行业的领导者。

《产品线建设与企业战略管理》，2008 年 11 月在文化体制改革深入进行，文化产业迅速发展的今天，找准自己的发展方位，是出版集团改革发展的一个重大现实问题。

出版集团所属著名出版发行单位的长期实践，通过实践所取得的宝贵经验，长期形成的出版价值观、道德观、审美观，是找准集团发展方位的不可或缺的基础和标杆。

《韬奋精神的演讲》，2007 年 8 月

出版集团的企业核心文化要符合集团的历史地位和时代责任，反映集团共同的价值追求。

出版集团的发展除了要依靠资产的关系、组织人事的关系外，还有一个很核心的东西，就是建构出版集团公司文化的认同度、归属感。

出版产业的集团化建设既要体现集团集约化经营的效益，又要让成员单位继续保持很好的整体实力和经营活力。这是出版产业做强做大的基本战略。

《打造国际一流出版传媒企业》，2010 年 7 月

出版集团作为若干出版发行机构的共同体，需要建立属于出版集团的文化，而且必须建立在吸纳所属成员单位文化各种优长的基础之上，加以熔合、提炼、升华，最终形成一种得到广泛认同的价

值观念体系。

出版集团的成员单位是出版集团大厦不可或缺的基础与柱石。基础不牢，地动山摇。成员单位的巩固、创新和发展，是集团之本，命系集团事业的成败兴衰与未来。

《集团之本与强盛之道》，2007 年 6 月

出版产业组织需要创新，既要关注出版集团，又要关注集团化之外的中小型出版社的改革发展，还要关注中介组织的建设。

《全民阅读与出版人的责任》，2007 年 4 月

出版集团必须首先要解决集团上下的定位问题。集团主要是做战略发展，做实体的培养和发展，而出版社主要做产品，即集团经营出版社，出版社经营出版物。定位分工明确后，出版集团就不会成为一个小政府，管理也才能科学。

《当前出版企业经营管理主要难题与对策》，2005 年 12 月

出版集团主要扮演两类角色，一类是产品生产经营过程的管理监督者、改进指导者和效益考评者的管理者，一类是战略规划设计者、集约经营调控者和重大项目主持者的经营者，这样定位就把集团总部和成员单位的职责分工明确了。

《出版人才的需求与培养》，2005 年 7 月

　　出版集团的定位是战略中心、管理中心、资产中心。战略是核心与灵魂，管理是基础，资产经营是抓手。战略中心是首位，总部要全面、协调、可持续地推进集团公司的战略发展。

《产品线建设与企业战略管理》，2008 年 11 月

　　出版集团定位为战略中心、管理中心和资产中心，成员单位定位为产品生产经营中心、研发中心和利润中心。三个中心对三个中心，把集团和成员单位主要做什么和不做什么就说清楚了。

　　商务印书馆兴则中国出版集团兴；中国出版集团兴则商务印书馆兴。还可以按照这个句式指出每一个集团公司与成员单位的关系，这个关系就是集团公司和各社品牌之间的荣辱与共的辩证关系，是一荣俱荣、一损俱损的关系。

《"排头兵"突击》，2008 年 4 月

　　我们要重视处理好集团利益和成员单位利益的关系。集团是成员单位的集团，成员单位是集团的一部分，整体利益是不可分割的，集团的荣辱是密不可分的，要在各单位、各个部分做强做大的基础上，把集团整体做强做大。

《从哪里来　到哪里去》，2003 年 12 月

　　在竞争的出版市场上，既有大集团，也有大量中小企业，形成

大型企业和中小型企业并举的格局。在出版物市场经营层面，应该是以中小企业为主；在资本运作和战略发展层面，应该是以大集团为主。

《把主业强势做到极致》，2011 年 5 月

在出版产业集团化大发展的同时，要提出"大中小并举，侧重在中小"的思路，这是出版规律所决定的，出版业态从来是以个体创作者（作者与编辑）、中小企业为主要形态。

通常可以由编辑个体就可以完成的出版物经营，其重心显然没有必要过度集中在企业集团，而应当下沉到集团的企业。出版集团要更多地通过政策、资金的支持，着力激发中小出版企业的活力和创造力。

《"十二五"，努力加快产业发展方式转变》，2011 年 2 月

出版社是集团当中直接接触作者、读者和市场的经营单元，也是直接进行内容生产的单元，要通过出版社培育独特的市场品牌。一般来说，把旗下的品牌企业做强做好，集团公司整体也就获得了做强做大的重要基础。

《大步迈进出版业的明天》，2010 年 8 月

出版集团的发展要形成四个跨越，跨地区经营、跨行业经营、

跨媒体经营、跨国经营。

出版集团公司之所以为集团公司，就是要实现战略性扩张，而要实现战略性扩张，就必须经营资产，必须孵化新型企业，必须拥有更多的可支配资本。

出版集团需要实现五个突破，传统出版规模化突破，数字出版商业化突破，重点开发集约化突破，企业发展多元化突破和支柱产业结构化突破。

《借助资本力量　实现产业升级》，2008 年 4 月

出版集团在选择兼并重组对象时，资源是一个重要指标。如果资源有潜力，对出版集团可以形成一种新的发展方向，就可以联合重组。

无论对中央还是对地方出版机构，出版集团联合重组都要坚持一个基本标准：企业资产优质。出版集团公司不缺少出版社，需要的是更多优质出版社和特色出版社，特别是能与出版集团自身资源相匹配的、能够丰富和优化现有出版结构的出版社。

《把主业强势做到极致》，2011 年 5 月

出版集团必须要进行资源整合、集约经营，既不能只说不做，也不能想到哪是哪，想当然去整合，更不能搞教条主义，照搬别人

的模式，在所有这些问题上，必须牢记一个核心问题，那就是效益原则，这是最大的原则，是不能忘记的出发点和归宿。

《出版产业发展趋势初探》，2003 年 1 月

出版集团建设主要有两大任务。第一大任务是通过产业集中度来体现集团经营的效果，使我们有更好的战略投资能力、资本扩张能力、国际竞争能力和市场服务能力。第二大任务是要把成员单位经营好、发展好，让它们在既有基础上赢得更好更大的发展。

出版集团建设最主要的措施就是集约化经营和两级法人定位管理。集约化经营能够让我们统筹资源，扩张规模；两级法人定位管理的发展思路则清晰界定了集团与所属出版社不同的核心业务和主要责任，也就更能发挥集约化经营的长处。

出版集团集约化经营有一个很重要的原则，就是科学化的原则。需要集中的一定要集中，不需要集中的一定不要集中；需要集中的不集中是集团公司无所作为，不需要集中的硬集中是集团公司胡作非为。

《打造国际一流出版传媒企业》，2010 年 7 月

在集团化发展的道路上，要注意两大方面的问题：第一个问题是把握挺拔主业的原则与要求；第二个问题是要注意把握好集中度与集约化之间的差异。

集团化发展成功与否，其主要评判标准应该是主业发展与否，而挺拔主业和促进内容创新，是集团化过程中需要注意的一个问题的两个方面。

在集团化的过程中，出版集团往往会更加注重大出版项目，对出版物内容创新方面所给予的鼓励、支持和评价方法都较缺乏，这会造成一个时代优秀出版内容的缺失甚至是社会文化价值观的偏离。

集团化必然要求规模化发展，要有规模就势必会产生集中度的要求和效应。但是需要认识到的是，集团中的资源和单位有些是可以集中的，有些则没有必要集中。

集中度虽然是集团化发展的一个重要特征，但真正的本质特征却应该是集约化，单纯而粗糙的集中不是集约化。只有为了实现低成本高效运营的集中才是集团化的真正目标，才是集约化的原则。

《大步迈进出版业的明天》，2010 年 8 月

企业要讲总资产量和总经营量，规模化经营是国际一流出版传媒企业最重要的标志。

《挺拔主业 内容为王》，2011 年 5 月

出版集团需要集约化发展，而集约化与集中度不是一回事。集

约化是以最小的投入获取最大的产出，不是完全以集中为标志的，减少内部交易成本才是关键。

出版集团要强调集约化发展，通过集约化向多媒体发展，向跨地区、跨国发展，通过集约化进行重点经营项目的发展，通过鼓励放开搞活的方法，使下属出版成员单位也跨地区、跨领域发展。

《中国出版产业成局之道》，2008 年 1 月

出版企业发展的集约化并不等同于集中度。集中度是物理现象，集约化是化学现象，集中度不一定相应地产生集约化效应。只有经过集约经营，集中度才可能获得集约化成果。

《漫谈出版企业多元化经营趋势》，2007 年 10 月

出版集团不能简单地强调集中，倘若肤浅地把集中度当成是集约化，简单地以归大堆、重新排兵布阵为乐事，势必会增加企业内部的交易成本和降低效益，还会出现怨声载道的尴尬局面。

《"排头兵"突击》，2008 年 4 月

出版企业集约经营的关隘是鸡口牛后的小生产者或传统文人心态。宁肯做小出版社的社长，也不愿调到大的出版社任副职，宁可带领小出版社去拼杀，也不愿参加到大的集团，从事大规模出版。

出版企业集约经营的关隘是部门保卫战或者人自卫战，说到底是利益问题。做单本书、小书，人自为战还没有问题，倘若要做大的项目，个人甚至部门就很难。

出版企业集约经营的关隘是集团运作——帽子集团的建设问题。出版集团总部希望有所作为，成员单位害怕集团有太大作为，可是如果集团总部做得不好，成员单位就说可见没必要建立集团，这是一种博弈。

出版企业集约经营的关隘是出资人长期缺位与到位艰难。整个经营过程中，经营者的权利和要求不清晰，没有经营者考评办法，出资人明确了还不想承认他，这些都造成了集约化经营的困难。

要进行集约化经营，出资人与授权经营的地位神圣不可动摇，授权人的权利和义务必须统一。

要进行集约化经营，效益至上的原则神圣不可动摇。要进行集约化经营，就是降低成本和高产出，不是哪个部门、哪个编辑、哪个单位愿不愿意的问题。

要进行集约化经营，出版物生产经营的规律神圣不可动摇。从组稿、选稿、编稿、审稿、市场营销，向读者进行深度服务，要形成一条健全有效的生产链，还要进行资源整合，加大市场覆盖面。

《当前出版企业经营管理主要难题与对策》，2005 年 12 月出版企业的专业化是一个趋势，是社会生产的实际需要，是提高经济效益的重要手段，是出版产业趋向成熟的重要标志。

出版企业的专业化包括：出版产品载体的专业化、企业生产流程的专业化和企业服务的专业化。

出版产业部门和企业内部的多样化包括产品多样化、产业生产流程多样化和产业服务多样化。

出版企业专业化与多样化之间固然有矛盾，但也可以有机结合，形成一个矛盾统一体，进而形成出版部门和企业的经营战略。

出版企业专业化与多样化的全面发展，将有力地推动我国出版业的产业化进程。最终，专业将会挺拔，而多种经营将有回报。

《专业化与多样化》，1997 年 5 月

出版产业化的发展必然带来多元化，这是符合企业发展逻辑的。

出版企业多元化经营要尽可能落在文化发展上，这是产业的职责所在。文化产业做大了，却与文化发展繁荣基本上没有什么关系，这就没有尽到出版企业的文化责任。

出版企业多元化经营，正确的途径是要依托自己的核心优势和

核心能力，以出版产业为核心，进行产业链的扩张，首先是文化责任的实现，然后才是产业的做强做大。

《文化大发展大繁荣形势下的出版产业》，2007 年 11 月

随着出版产业规模不断扩张，出版企业多元化经营必然接踵而至。我们不仅要正确选择出版企业多元化经营的方向路径，还要创造实现多元化经营目标的条件，在此基础上积极开展多元化经营。

出版集团延伸自己的产业链是非常正常的事情。出书的同时可以延伸渠道，出书的同时可以向数字化延伸，出书的同时可以向多媒体扩展，版权的经营更是大有文章可做。

资本追逐利润，是一个道理，但并不是全部道理。出版企业的多元化经营必须立足于"我们的业务是什么、它将来会是什么和它应该是什么"，这与企业的使命密切相关，同时对决策的正确性和准确率要求很高。

出版企业推进多元化经营，往往造成业内有识之士的忧虑和非议，有文化责任感的出版人需要高度重视多元化经营与产业自身的责任、任务、原则、目标之间的关系。

按照多元化经营方向应是相关相近的一般要求，举凡社会科学、文学艺术、新闻出版、电影电视、公共文化等文化经营领域都

可以成为出版企业多元化经营的主要目标。

做正确的事永远比正确地做事更重要。出版企业推进多元化经营，选择什么事情来开发，符不符合市场需求，符不符合产业规律，符不符合出版企业所拥有的核心能力，一定要慎重地进行决策。

一个正确的项目，一个创新的体制，一个合适的人才，一笔必要的投资，是开展多元化经营缺一不可的基本条件。基本条件不具备，多元化经营就只能是一种奢谈，倘若坚持要上，多元化陷阱将在前面等着我们。

《漫谈出版企业多元化经营趋势》，2007 年 10 月

挺拔主业是我们坚定不移的发展目标，更是改革发展的终极目标。

《五年厉兵秣马　今朝再飞冲天》，2009 年 8 月

我们主张在挺拔主业的基础上与相关相近产业融合，着力形成一元为主、相关多元发展的大出版产业格局。

《"十二五"，努力加快产业发展方式转变》，2011 年 2 月

挺拔主业永远是出版集团的战略安排。只有主业强了，才有进

一步发展的机会和基础。出版集团不能把自己的优势丢掉而去开发本来不擅长的领域，这不符合经济发展的规律。

出版集团拥有数量可观的优质资源，包括出版品牌资源、内容资源、作者资源、人才资源、市场资源、读者资源，这是我们的优势所在。挺拔主业就是要把这些优质资源加以充分开发利用，把既有的优势保持好、弘扬好。

出版企业挺拔主业包含多层意思：一是要牢牢把握主业是内容产业，是出版业；二是要发挥我们的文化优势；三是要恪守文化责任。

出版企业多元化战略意味着在发展主业的同时还要很好地兼顾副业，但不能盲目乐观，因为多元化常被认为是产业的陷阱。

《打造国际一流出版传媒企业》，2010 年 7 月

要做大做强一个产业，不可以不提高产业集中度；要提高产业集中度，不可以不打造一批大型骨干企业；要打造一批大型骨干企业，不可以不进行资本运作。

我国出版产业进行资本运作，一是上市融资，二是联合重组，三是引进战略投资者，四是跨所有制合作。也就是说，既要采取现代资本市场运作方式，又要以"政府主导、市场运作"为原则，协调有序进行。

在社会主义市场经济条件下，要在较短的时间内实现国有企业的资产重组，"政府"与"市场"这两只手，缺一不可。

《坚持全面协调可持续地推进出版体制改革》，2009 年 4 月

企业一旦进入资本市场，就像坐上过山车，必须不停地往前走。但是，你必须坐牢了，坐实了，坐稳了，还得系上安全带，不然，就会被甩出去，那就是要制定好科学严密的现代企业经营管理制度。

《把主业强势做到极致》，2011 年 5 月

出版企业上市后最需要注意的是，出版物经营本身不具有明显的规模经济效应，也无法预期能否给股民们可观的回报预期，筹集资金后做什么、怎么做，如何保持持续的主业绩效，这是很大的问题。

《出版集团如何进入产业化时代》，2008 年 7 月

上市融资是资本运作的主要形式，但并非资本经营的全部。资本经营至少还有并购、联营、投资、剥离、换股、破产等若干方式可供选择。

出版集团通过跨媒体、跨地域的收购兼并，可以打破地域壁垒与行业壁垒，占领新的出版市场。

出版集团通过收购兼并同类企业，可以形成决定性优势。

出版集团通过收购兼并相关产业，可以成功进入上游产业或下游产业，加快企业的纵向一体化进程，获得在与供货商、销售商的谈判中的有利地位。

出版企业的资本经营应当注意体现自身特点。一是要坚持需求为先、目标为重的原则，即资本运作必须建立在企业强烈的扩张需求基础之上；二是必须挺拔主业，否则就会出现资本扩张、出版消亡的悖反局面。

出版机构往往拥有价值很高的无形资产，对于文化企业，文化信誉、文化品牌、人才队伍等具有很强的感召力和吸引力，应当进行价值评估，使之成为有价资本。

《借助资本力量　实现产业升级》，2008 年 4 月

资本经营是市场经济社会里很普遍的经济活动，出版社也应当重视资本升值，并且应当采取有效手段实现资本升值。

出版社的设备、流动资金、在制或尚未售出的出版物、版权、品牌、关系、人才、读者群等等，皆可视为出版社的资本构成。

关系是出版社的重要资本。企业与用户以及协作厂商的关系往往附丽于品牌却又不尽然，良好的品牌可以激励出良好的关系。

关系的形成需要专门的经营。出版社的关系经营对象首先是作者，一个相对稳定的忠于合作协定和友谊的优秀的作者群是出版社赖以生生不息的基础。

在图书生产的全过程中，作者是第一生产力。出版者再有能耐，再善于策划，归根结底还是要靠作者一个字一个字地去形成书稿，这决不是点子大王、策划大王们可以拍脑袋完成的。

广大的相对稳定的读者群是出版社赖以长生不老的基础，读者与出版社长久的友好关系当然也就是可供经营的资本之一了。

品牌往往可以使读者群、书店与出版社建立起长久的关系。对于许许多多的读者和书店，一旦他们接受并且爱戴这个品牌，便胜过任何成文的盟约。

品牌是出版社非常重要的资本，属于通常所说的无形资产的一种。它包含出版社的名称权、商标权以及更重要的声名和信誉，具有使用价值和价值的商品属性。

《出版社里说资本》，1998 年 9 月

出版业关键的竞争力在品牌，包括出版机构的品牌、作者的品牌、出版物的品牌等。

出版社品牌之养成并非一日之功，也不凭一厢情愿，它依赖于

在社会文化之中的影响和定位，依赖于在文化价值、精神愉悦方面上所作出的贡献，依赖于时间的淘洗和读者的检验。

《文化：出版的本质与终极目标》，2007 年 6 月

出版社的品牌，既包含着对出版社专业层次的评价，也有对出版社文化追求的认同，还有作者合作的因素，更有某些著名品种的影响。总之，是由多方面内容构成的。

书业无限，品牌为王。出版人要坚守这个理念，做书的时候就要把书放在品牌下面考虑，放在广阔的时空里来考量，绝不可以因为一段时间书业商情不好就有所放弃或乱做一气。

一家出版社到底要抓住哪些东西，创造怎样的品牌，在哪些领域里形成前几名的排位，要有战略规划，还要作选题、内容、营销等方面的基础设计。

品牌无限，诚信为王。商誉，也就是商业的信誉，里面包括商标、作者、质量、信誉等。良好的商誉，可以减少我们的交易成本。我们的图书是人们长期使用的，是传之久远的，因此要做好长期诚信的打算。

品牌为王是一种理想境界，是一种追求理念，是一种自勉和自我约束，也是市场竞争的一个基本规律。

品牌为王是一个过程，而不是一本品牌图书为王，一套品牌图书为王。

众多品牌图书集合起来就是一个出版社的品牌。出版更多更好的品牌图书，成功打造一个经久不衰的优秀品牌，值得每一位出版人终身为之奋斗。

书业竞争是一个持续的过程，不能指望一种书、一套书一统江山，一定天下。

由于出版业产品的差异性比较大，名牌出版社也有出版平庸书的时候。一般地说品牌为王，有些危险，出版者还得按照"饭要一口一口地吃，书要一本一本地出"的要求善待每一个新的品种。

品牌图书应当有出版攻略。虽然"无心插柳柳成荫"这样的事情时有发生，但是"命运自己主宰"，"谋定而后动"，总是一切经营者的正途。

品牌图书的具体攻略设计，通常是出手不凡，一鸣惊人，起跑的时候像一只兔子，飞奔而去，可以称之为"兔子"战略。

品牌图书制胜的最终要点是持续进取。如果说畅销品牌图书要像一只兔子一样起跑，那么，出版社品牌的形成要像一只乌龟一样持续进取，称为"乌龟"战略，在营销学上也称为"长尾理论"。

品牌制胜只有通过竞争。不管是以快制胜，还是以慢制胜，不管是以优质取胜还是以独创取胜，有一条非常重要，那就是攻敌之短，不如扬己之长。内容为王就是要扬己之长，扬己之长才能强化优势、强化质量、强化品牌。

生产经营品牌图书，首先要树立以出版社全品种图书打造品牌的意识。全品种经营管理的理念，很多时候是一种理想境界，但是应该有这样的境界，有这样的认真精神。

出版社的品牌图书，一定要想办法维护好。开发新品种没错，但是，现有的一定要维护住。狭隘与偏见，不能真正维护好出版社的品牌。

一个出版社关于品牌图书最大的战略是：明知道品牌图书不易产生，却要把每一本图书都当成品牌图书去做，倘能这样去做，没有做不好的，有了这样一种精神、一种理念，就可能做出一些含金量高的图书来，如此铸就的出版社品牌必将熠熠生辉。

生产经营品牌图书，一定要打有准备之仗。每一种书在付印之前都应当开一个项目准备会。同时，还要做好后续的跟进方案。

品牌图书的运作重在细节，环环相扣，缺一不可。好书名是成功的第一步；好内容是成功的核心，是万事根本；好营销是成功的关键。

品牌图书的成功是出版全要素的成功，各个要素都应该做好。我们在认识上需要清醒、理性，不可以以偏概全，不可以刻舟求剑。作为出版人，要建立出版全要素的概念。

品牌图书并不等同于名牌图书。有些书，尽管有名，尽管热销，可以称得上名牌图书，但不是品牌图书。

品牌图书和名牌图书的差别在于：名牌图书首先强调的是知名度，品牌图书则是知名度比较高的有价值的图书。

品牌图书的出版攻略要从出版物的内容特点和服务对象来设计，要因书制宜、因时制宜、因人制宜。因书制宜是因为书不一样，采取的办法也不一样；因时制宜要考虑外部环境、市场的需求；因人制宜要考虑读者对象。

大众类品牌图书的攻略应该是"原创加营销"。实践表明，必须有一套营销的手段才可能做成大众类品牌图书，但其制胜的要点还是原创或者创新，追求产品的标新立异。

出版社在进行大众类品牌图书攻略设计时，要确认产品确实具有创新价值。指望用令人炫目的广告词语来哄骗读者，也许好卖于一时，但不能产生品牌图书，一切品牌图书最终还是要讲持久、讲品质、讲诚信的。

教育类图书的品牌攻略是"实用加服务"。这里说的服务指的是具体的推广销售行为。其实，教育出版活动本是一条服务链，从内容到销售，都必须围绕着为教育事业服务的核心要求。

教育类品牌图书制胜的要点是内容实用和用于实处，无论是正当其时还是引领潮流，它都必须以服务于教育为检验成功的唯一标准。

专业出版的品牌图书攻略是"独创加更新"，重在独创价值，以在专业学科中有独特贡献为其核心要求。

专业出版物除了独创，就是更新，更新是在独创性前提下的更新，而且要持续更新，保持更新的机制、投入和效果。

作者的品牌太重要了，作者的品牌有时候大于出版社的品牌。当然，有时候是出版社靠作者，有时候是作者靠出版社，这是互为因果关系的双赢关系，也是唇齿相依的依存关系。

作者是品牌图书的衣食父母，二者永远不能分开。有些出版社拥有一批长期受到市场欢迎的品牌图书，原因是多方面的，其中，与作者关系从一而终，是一条根本的原因。

《品牌图书：价值与策划》，2004 年 5 月

作者品牌常常是第一位的。

《出版人才的需求与培养》，2005 年 1 月

许多时候，作品的比拼实际上是作家声誉的较量。

作为出版人，与其下力气宣传作品，还不如下力气打造作家的知名度，效果要来得更大更持续一些。不过，有一个前提条件，那就是作家必须在相当长一个时期与我签约。

《交流：从激情到理性》，2003 年 4 月

出版企业的核心竞争力体现在产品战略的规划能力、设计能力、执行能力和营销能力的差异上。

出版企业之间的竞争本质上是产品的竞争。谁的产品能够更广泛地满足广大人民群众的精神文化生活的需求，谁就在市场竞争中胜出。

实行战略管理，就要很好地研究集团公司的产品线，研究集团公司在出版业内的战略地位，研究产业的发展方向，研究国际、国内市场竞争者的战略规划，认清自身的发展空间，研究应当通过怎样的战略手段实现战略目标。

产品线建设是出版集团总体发展战略中的基础与灵魂。

引入产品线概念，意味着出版越来越社会化、企业化、产业化。

产品线建设是出版集团资源整合、做大做强的重要方法和手段，它的第一个要素是"产品"，即作为具有商品属性的出版产品；另一个要素是"线"，指明了产品之间不是简单的叠加关系，而是一种内在逻辑关系。

产品线建设是对集团公司各单位优势出版资源整合，以整体力量进行市场竞争的重要方法，是解决成员单位之间重复出版问题的重要手段，是要让集团公司整体产品能够按照其内在的逻辑关系线性起来，在市场竞争中取得竞争优势。

产品线建设应当注意发挥传统优势，弘扬传统品牌，实现集团公司品牌与各成员单位品牌建设的统一与互动，实现产品建设、品牌建设、人才建设、社会效益与经济效益的全面统一与提升。

出版集团要在宏观上对产品线建设进行调研、规划、提出目标，而实施则一定要由各成员单位来进行，特别要注意充分发挥各成员单位的传统品牌优势，充分调动各成员单位的优秀策划人才的积极性，将产品线建设落到实处。

产品线建设要充分发挥集团公司的资源整合能力，要以整体规划为手段，以专业市场细分为方法，以实现两个效益为目标，在各专业领域打造一批品牌产品、拳头产品、畅销常销产品，进一步提高市场竞争力和控制力。

产品线涉及的首先是战略问题，要规划、落实好产品线建设，就要求集团公司及各成员单位进一步提高战略管理意识，加强企业战略管理，积极推进改革创新。

《产品线建设与企业战略管理》，2008 年 11 月

文化管理是现代企业管理的最高境界。

出版企业实施文化管理，乃是务本之道。

企业管理科学已经经历了经验管理、科学管理和文化管理三个阶段。经验管理使企业稳定，科学管理使企业有序，文化管理则使企业价值明确和精神升华，三者是一种发展、提高、综合、相辅相成的关系。

出版企业首先是出版，出版首先是文化，然后才是企业。因此，文化管理应当作为主要的经营管理方法，发挥根本性的作用。

出版企业的经营管理是一个全面复杂的系统工程，文化管理、科学管理、经验管理等各种方法都将综合地发挥作用。

《取法乎上与务本之道》，2006 年 5 月

出版社要把效益搞上去，就得扎扎实实开展卓有成效的生产经营活动，而要让生产经营开展得卓有成效，那就得让出版社以比较稳定的状态投入到生产经营中来。

稳定，是治理一个国家、一个地区的最高境界。同样，也是经营一个出版社的最高境界。稳定当然是相对的、动态的，但它的出现，就是一个很好的境界。只有在这个境界里，才可能有一个好收成，才可能民富国强。

治大国若烹小鲜，治社也是一样的道理。稳定压倒一切，决非虚言。当然，必要的机制还是要预设的，主要是经营运转机制和激励机制，否则工作无序，员工没劲，或者有劲的人乱搞。

出版社的企业文化一定要有务实的内核，否则会影响整体效益。无论是这项工作的投入，还是具体开展，都要从实际效益的实现来考虑，不搞不行，搞得过分热闹也不行，形而上的教育没有不行，大话、空话说多了更不行。

《出版社经营管理的辩证思考》，2002 年 12 月

出版社是文人聚集的地方，文人聚集就有文人习性，文人习性最重要的一条就是自由主义，与企业管理会形成矛盾。出版机构要生产、要创效益，就得实行严格的管理，有目标责任，有一系列的流程要求，而不可能按照文人的办法来操作。

《务本之道与可持续发展》，2008 年 3 月

出版企业的"本"有"道本"、"物本"和"人本"之分。"道本"就是坚持正确的出版方向和导向；"物本"就是坚持挺拔主业；"人

本”就是坚持以人为本。

《〈中国出版集团公司核心理念征文集〉序言》，2011 年 6 月

一个坚持文化至上的出版企业，势必要追求文化的积累和创新，必定拥有健全的文化内核，用企业的价值观、道德观和行为准则覆盖企业包括一切细节在内的经营管理，努力以优秀的文化理念创造优质的出版物，实现社会效益和经济效益的有机统一。

企业文化主要是企业内部共同遵守的价值观、道德观和行为准则，包含了企业员工的成就感、荣誉感、归宿感、凝聚力，也包含了企业在社会上地位、形象、影响力的目标追求。

《在中国出版集团公司全面加强经营管理》，2011 年 2 月

一个出版社自有一个出版社的主流价值取向和意义追求，且自有其精神风貌在，不论高下优劣，不论出版社自觉与否，这就是一个出版社的文化。

《集团之本与强盛之道》，2007 年 6 月

出版企业文化的核心是企业的价值观，它会影响和制约出版社的各项工作。不好的落后的价值观，会造成人心涣散、力量分散、精神不振；先进的价值观则会给出版社带来生机和活力。

出版社的价值观，既要有一定之见，又要与时俱进，创新则是两者的最佳结合点，而且要使这些观念浸润到企业的各个方面的建设中，甚至一直浸润到像出版社门卫传达室的工作中。为此我们要作出长期坚持不懈的创新和努力。

《创新时代：出版社创新面面观》，2003 年 2 月

有人认为，但能出版好书，经营管理却可以不择手段，虎狼之师也好，兵不厌诈也罢，只讲成王败寇，只以市场经济鼓励竞争作为前提，只以利润实现作为唯一归宿。殊不知，市场经济也要讲道德伦理，手段的滥用往往反映出道德的低下和目标的不纯。

一个自诩有文化品位的出版机构，倘若内部各部门总在自行其是，市场交易总在违法操作，人们怎能相信他们能恒久地坚守文化品位！

一个黑眼睛只认得白银子的出版企业，往往视品位为笑话，看文化为迂腐，选题策划、经营管理，只问目的，不择手段，而且越是野狐禅越以为是创新之作，"小惭小好，大惭大好"，怎能指望他们拥有产品集群的整体文化价值追求！

一个只讲编辑个人趣味的出版企业，往往过于迷恋书斋而不及其他，在市场竞争环境里，耻笑经营管理，尽做赔本买卖，好像很讲文化，其实并非科学意义上的文化管理，怎能相信他们能在市场经济大潮中存活并且前行！

置身竞争日趋激烈的市场，面对产品差异性极大的产业特点，出版企业将始终处于文化价值、道德取向、行为准则的选择和实践过程中，随时需要用文化理念对经营管理的运作进行扞格。

《记住你是谁》，2006 年 5 月

建立现代出版企业，必须充分重视企业文化建设。企业文化是软件，企业管理中的制度、机制有点像硬件，软件管硬件，有什么样的企业文化就有什么样的企业管理。

《建设可持续发展的现代出版企业》，2000 年 12 月

企业文化建设是一个企业的最高要求。企业具体管理制度的制订水平以及执行能力其实是受制于企业文化的，这个企业文化就是指价值观、道德观和行为准则对于经营管理的要求。

企业文化管理，包括以人为本的管理、企业文化建设、学习型组织的建设、价值链管理等等。

确立企业共同价值观的问题，是出版企业的领导，特别是用理性来管理出版企业的领导，要做出很好的研究和追求的。终极目标，不可小视；追求不高，钱很多，只是一个中等文化水准的出版社，不是高水准的专业出版社。

确立出版企业的共同价值观，需要符合企业和行业的特点，符

合国情，符合我们的文化传统、社会现实、国家的发展，一定意义上说，还需要符合一定地域文化的特点。否则就会大而不当，虚无缥缈，形同虚设，不能形成对企业的全面指导。

一个出版社的产品就是出版社的文化，体现出版社的核心价值，其市场表现也同样能传递出版社的文化。所以，我们需要通过改造文化、发展文化来改变企业的市场表现。

出版企业的产品管理是企业的核心能力管理。通过管理，生产出什么样的产品，当然是企业的核心问题，是企业经营管理最主要的落脚点。出版企业从组稿到成书的整个过程，都是需要进行产品管理的过程。

在产品管理的流程中，出版企业要对产品的各个环节、流程加强管理。选题的管理、作者的管理、内容的管理、编辑的管理、校对的管理、设计的管理、制作的管理、推广宣传的管理，都应该是文化管理价值链中的各种要求。

文化管理是企业团队的价值预期，很多时候是非理性的，是无形的，是在意识感觉过程中，是在仁者智者不同的看法中，这个时候，企业领袖就要起到比较主要的作用，需要企业领袖来发挥和控制，需要企业领袖把企业精神变成经营管理的实务。

出版企业是团队，是个生产组织，需要必不可少的管理和秩序，因此企业的共性还是要大于员工的个性。当然，这个问题不能把它绝对化，也不能简单化，还是一个协调的关系。

《出版企业的文化管理理论与实务》，2006 年 3 月

文化管理可以使企业价值明确、行为规范、精神升华，然而，奢谈文化却也可能使得企业坐而论道，一事无成。因而，文化管理并不排斥经验管理和科学管理，恰恰相反，三者必须是一种发展、提高、综合和相辅相成的关系。

文化管理是企业管理科学的一个重要方法，不仅要对人力、资源、项目、成本、营销、利润等方面的经济价值进行管理，还要对其中的价值观、道德观和行为准则实施管理，并依此对企业的宗旨、发展目标、战略决策、组织架构、人才队伍等进行全面的管理。

《用文化管理推动出版集团图书选题创新》，2006 年 9 月

集团化能够体现集约化经营的优势，但也对管理提出了挑战，应对这种挑战需要强化管理，管人管事管资产要结合，还特别要注意实施文化管理，其实质就是价值观管理、行为准则管理、企业责任管理和道德观管理。

《打造国际一流出版传媒企业》，2010 年 7 月

精神状态是一个企业最重要的基础，良好的精神状态则是一个

企业最重要的克敌制胜的法宝。

《〈中国出版集团〉发刊词》，2008 年 1 月

出版集团要形成三种状态：兴奋状态、团队状态、创新状态。要用新型的文化来继承和改造传承已久的企业文化，老企业需要兴奋，新集团必须团结，发展必须立足于创新。

《"排头兵"突击》，2008 年 4 月

出版集团要努力形成三种状态——团队状态、创新状态、兴奋状态。唯有团队，企业才可能在快车道上整体行驶；唯有创新，企业才可能在快车道上有效行驶；唯有兴奋，企业才可能在快车道上快速行驶。

《以三种状态驶入快车道》，2010 年 12 月

生命在于运动，出版不息、促销不止。

我们可以借用"生命工程"这个概念来描述一部书籍的开发与营销活动，这既是为了说明一部好书整体运作的必要性，也是基于对出版人职责的认识和对出版业价值的理解。

一部畅销书营销的全过程可以比喻成一条大江。这条大江的上游是出版者的前期宣传，要求是起点高、信息量大；中游就是针对

图书批销商的业内宣传和分销设计，需要宽阔的视野和切实的部署；图书上市销售阶段则是大江的下游，需要鼓动性、弥漫性、持续性的宣传和推动。

要使得图书在市场上青春常在而且持久，促销应当是图书出版营销全过程的促销，是以动制动、流淌不息的促销，是有的放矢、对症下药的促销。

一部好书是有生命的，这生命的内核是著作者所创造，而我们出版人对于一部优秀书稿的选择、编辑、装帧设计和制作、宣传、促销、销售等一系列的整体运作，是把这生命内核培养、壮大成生机勃勃、神采飞扬、生生不息的一部图书的过程。

出版人对于一部好书的诞生和壮大担负着生死攸关的责任。出版人如果僵硬地出版书籍，会把书籍出成死书，会把一部有价值的书稿活活整死，或者胎死腹中，或者造成羸弱之躯，或者出版后窒息于仓库，或者在市场的某一个角落孤寂地闷死。

一般商品在市场上都有一个生命周期：开发期、上市期、增长期、成熟期、衰退期。我们的努力是要使得我们出版的图书在市场上的增长期和成熟期尽可能地延长，而延长的最好的办法就是运动，就是促销!

对于图书这种内容为王的商品，人们的购书行动尤其来源于理性的判断。为此，图书促销最重要的手段还是向广大读者提供相关权威性的肯定性意见。

成功的营销要具备三个重要因素：一个正确的理念，一个创新的计划，一个积极的团队，其中团队是事业成功的决定性因素。

图书批销商无异于出版人神经和血管的延伸，出版企业与他们的合作必须建立在同舟共济、效益共享的整体性原则之上。

《一部超级畅销书的"生命工程"》，2002 年 9 月

要营销、营销再营销，一定要很好地把书销出去，形成应有的社会影响。

书既然出版，就必须卖得出去，越是好书越要卖出去。

高品质的内容加上与内容相适应的特色营销，是出版经营理念的核心内容。

《写中国出版集团这部长篇小说是我最大的快乐》，2008 年 11 月

真正有品位的出版企业，所出之书有品味，营销也要讲品位，即便是运作畅销书，首先要反低俗杜绝嗜痂之癖，防夸张不说"空前绝后"一类的大话，还要坚守诚信交易的为商之道。

《记住你是谁》，2006 年 5 月

出版业首先还是内容产业，总要以内容为王，营销也就是帮助王者总理朝政。同时，从出版工作的本质意义和一般规律来看，内容创新为王和营销创新为相缺一不可。

营销必须创新。要实现营销创新，就目前我国出版业的普遍情况来看，需要回答三个问题：购买者在哪里？作者在哪里？分销商在哪里？能够回答好这三个问题，出版社才称得上是出版物市场上的强者。

出版物购买者在哪里？在一本书确定选题时就应当提出这个问题，有些选题还应当在了解读者需求之后才决定出不出、出多少。要提高我们出版社的营销能力，必须在这方面有所创新。

最好的选题要找到最合适的作者，这是不言而喻的。作为营销创新，我们要问的不仅是作者是否有书稿，或者有无承担一个选题的能力，还要问作者还有什么能力为出版活动所用，要充分发现、发掘、使用作者资源。

《创新时代：出版社创新面面观》，2003 年 2 月

首次上市是一部图书开发和营销过程中激动人心而又成败攸关的重要时刻。为了让分销商激动起来，图书上市前需组织针对批销商的业内宣传和分销方案设计。

《版权合作：一种双向的选择》，2004 年 8 月

图书的销售和许多商品的销售不一样，读者的购买比较随机，但是，从社会的全面进步和人的全面发展来看，大量的优秀图书又是广大人民群众的必需品。这样，要让更多的读者购买、阅读，就需要出版社、分销商再做努力。

《树立全国书市战略意识》，2004 年 5 月

通常说有什么很好的营销、推销的办法，总在想技巧性的办法，其实技巧性的办法都差不多，最后还是"用兵之妙，存乎一心"，都在于你的文化感受，在于一种文化的沟通、交流和理念的指导。

《务本之道与可持续发展》，2008 年 3 月

出版经历了金石、竹简、帛、纸、传统印刷、数字出版的发展历程，为读者服务的出版营销也需不断创新，品牌营销、互动营销、服务营销、整合营销、主题营销、情感营销、病毒营销等应当纷至沓来。

《数字时代出版营销的模式与趋势》，2012 年 1 月

每一位出版人都不能因为自己是市场领先者就像小兔子一般去睡大觉，而市场后来者也并不意味着将失去所有赢利的机会。

恒久不变的不是谁家的市场份额，恒久不变的是花开花落、冬去春来、挑战与机遇并存，因而唯创新方可能强者愈强，唯创新方可能后来居上。

成熟的市场运作应当在项目运作之前设定媒体互动的一揽子行动方案，重新审视本版图书的市场定位，细分品种，细分市场，瞄准重点市场，大体计算出市场容量，从而设定今后与同类出版社比拼的空间。

健康的出版物是何等高尚的商品，出版人为此不惜呕心沥血、殚精竭虑、精雕细刻，如果不去接着做好市场的培育工作，不能让读者及时购取，行百里者半九十的古训将再次教训我们，只问耕耘不问收获的清高将导致我们的清贫。

既出书便要广而告之是出版人的职责，既出书便要引导读者解囊购买是出版人的职责，既出书便要帮助读者读后有所得仍然是出版人的职责，创造绵延不绝的读书氛围更是出版人分内的事情。

要建立出版物市场需要培育的理念。任何市场都需要培育。可爱如导购小姐邀请顾客品尝新奇食品，可恨如毒贩子勾引意志薄弱者尝试吸毒，都是在培育自己的市场。

要建立出版人全程责任的理念。所谓出版人责任，是指从出版资源的获得直到出版物作为商品与顾客完成交换的全过程，都是出版人的职责。

用出版人全程责任的理念来审视出版人的职责，只要出版物未能到达顾客的手中，出版工作便不能算完成。因为产品没有变为商品，知识和文化传播任务没有完成。令人尴尬的后果是书店退货没商量，更为严重的后果便是化浆销毁，血本无归。

《创新才会赢》，2000 年 12 月

每一个新的图书品种面世都应当具有一定的新颖之处，读者有理由要求我们把这些新颖之处告诉他们。我们必须以这样的理念去善待有价值的书和广大读者，以这样的理念主动地去驱动市场。

"适销对路"，首要的一点是出版社要发现读者需要的是什么书，然后才是如何恰到好处地把他们所需要的书提供给他们。

"适销对路"是一种传统的营销观念，过分强调顾客的主体地位，而让经营者在营销活动中更多地停留在被动的位置上。新的营销理念则追求经营者发挥消费导向的作用，要求他们积极地进行商品的使用和推广。

许多时候顾客并不明白自己需要什么或应当获得什么，企业应当设法告诉顾客。这就是企业的消费导向活动。

《在美国谈卖书》，1998 年 11 月

对于一些重点图书工程，选择好时机先造舆论是必要的。舆论

在前，先声可以夺人，先别管能"夺人"多少，总要比默默无闻、无所作为更有利于图书的宣传促销。

图书首发式太多太滥容易招致非议，因此而取消全部图书的首发式则有些因噎废食。动辄首发式固然不好，必要的首发式还是有意义有作用的。

真正有价值的图书，其宣传还不能停留在新闻的层面上，必要的深度评介是必不可少的。如果只有那些热热闹闹的新闻性宣传，而没有一些深入扎实的评价，也是不大可能得到出版界专家们的关注和首肯的。

全程策划、全线营销、全面出击，这是出版社在组织大型编撰类书稿时一定要具备的策划意识、经营意识、创新精神和运作能力，并将显得越来越至关重要。

出版物取信于读者，有三大因素，即作者及出版者的信誉、宣传的方式、自身的质量。虽然根本的因素是自身的质量，然而，作者的信誉以及由此而产生的感召力绝对不能忽视。

作者是出版物取信于读者的第一要素。信誉高的作者，既可吸引读者，弥补出版者信誉之不足，还能给出版物的宣传、推广、销售带来便利，收到事半功倍的效果。一般来说，出版物自身的质量也就有了可靠的保证。

《全程策划　全线营销　全面收获》，1991 年 12 月一个需要通过市场运作来实现预期效益的出版社，其运作流程是一个双重的选择和双重的被选择的过程，即：在专业知识领域里和出版领域里选择自己所喜欢的出版项目，做成书籍之后，被市场选择和专业领域选择。

出版人都有一个共同的感慨：你永远不知道明天读者会喜欢上哪一本书。中国的市场太大，需求面很广，需求的差异也很大。再有，时间之河在流淌，人们的需求在变化，我们不能犯刻舟求剑的笑话。

图书市场的份额分布情况以及变化情况是重要的，但并非事物的全部，具体图书还要做具体分析。

从了解市场需求到实际满足市场需求，有时候似乎不太困难，有时候这两者之间却隔着一个英吉利海峡，而且，事情常常表现为后者。

《中国图书市场需要什么样的图书》，2004 年 3 月

有多少读者就有多少出版，有多大的市场就有多大的出版，有多么好的读者就有多么好的出版。

《读者将有嘉年华》，2008 年 4 月

出版的整个活动过程，应该是从内容生产开始，到读者消费完

成。出版的全体系应该包括信息生产和信息接受，才完成这个循环体系。

建造学习型社会，培养国民的阅读习惯，形成良好的阅读氛围应该是出版活动里非常重要的一端，就是接受信息的过程。不仅是希望有人接受，还要帮助人们接受，形成一个好的氛围。

出版业要经营好，就要培育好市场，培育自己的消费群体，也就是培育读者，这是我们社会发展的任务，是出版业自身的任务，更是每一个有社会责任感、有文化理想、有职业道德的出版人应尽的义务。

《阅读的社会和社会的阅读》，2006 年 3 月

展示、交流、零售、订货，是书市的四大功能。

出版社参加书市，各有各的需要。首先是展示，展示出版物和出版社的品牌。为谁展示呢？首先是为读者，为业内同行，为分销商。展示又为了什么？为了树立品牌，为了广泛的交流，特别是与读者的交流，促进图书的零售。

书市是一种广场式的读书活动，密集的人群里必然有不同的读者存在，因而全面的宣传要放在第一位，加大宣传的覆盖面，建立宣传的长效意识，要使出版社在书市有一个全面的形象展示，让读者看到出版社的活力。

出版社在书市的营销组织上，要有耐心，要有恒心，要细心，要千方百计地帮助读者关注图书、了解图书，让他感觉到不买还真是可惜。

出版企业应有意识有目的地组织重点图书，针对书市读者做宣传。言之有物的宣传总会有作用的，有的读者没有读过我们的书，但注意过我们的宣传，这就会影响到他以后的选择，他就有可能成为出版社潜在的、未来的读者。

出版社可以通过书市期间的调研和观察，搜集到有关竞争者、发行商和新老读者的信息，进而了解国内图书市场上最新的出版动向和读者的阅读走向，以及行业的发展趋势等，从而为出版社制定下一步的发展战略提供依据。

在市场上，积极还是不积极，效果就是不一样。至于营销手段，只要恰如其分就行。

一个出版社在书市上的表现要综合来衡量，不能只是看它的展位装饰，而是要看出版社准备的好书以及它的进取精神、品牌意识、产品包装、宣传策划创意、市场投入与市场运作能力等一系列指标的综合表现。

在书市上，在出版社喧嚣纷繁的宣传大战中，细致的操作、务实的作风显得更加重要。把图书做得精细些，把读者的服务做得细致些，把发行业务的合作做得扎实些，把目标市场再做些细分。总之，细节即品质。

《树立全国书市战略意识》，2004 年 5 月

出版业是需要培育顾客的行业。

书展可以把文化与商业结合起来，定位为培育顾客的文化之旅。

出版业要从以书为本到以人为本。以人为本地延伸、提高、设计、开拓书业展会，应当是各种国际书展的努力方向。

以人为本的书展，关注的是如何便于业内外交流和交易，便于形成阅读氛围和文化趣味，而不仅仅是如何把书堆出来的问题。

出版业要从以人为本过渡到以文兴业，不仅是倡导以人为本的书展理念，还应形成一种搜索的快感和分享阅读的经营理念。如此，书业才会有更美好的明天。

以人为本可以丰富书展的内涵，提升书展的境界，但需要明确，书展的根本目标应当是通过人性化的展会服务来推动出版产业的发展，实现以文兴业。

以文会友是出版人之间的活动，而以文兴业则是出版人与大众时间的活动。文化，是一个由自在到自觉、自为的过程；读者，也

是需要挖掘、发现、培育的过程。

以文兴业路径有几个：一是通过出版文化的传输、影响来培养读者。二是利用制造阅读氛围来感染读者，书展带给大众的就是一种广场式阅读和狂欢式阅读。

《书展：培育顾客的文化之旅》，2007年9月

在市场经济中，出版社用百分之二十的产品获得百分之八十的效益之"二八定律"，大体是难以违背的。

畅销书运作手段的机巧和市场选择的诡异，不时就会在出版社里发生好书卖不动，平庸书大行其道的局面，颇让一些志存高远的编辑大呼"黄钟毁弃，瓦釜雷鸣"。

畅销书之所以畅销，自然有其种种原委。首先要相信广大读者自有鉴赏力。同时，读书如照镜，畅销书往往反映时代社会，反映世道人心，读了会有所得、有所悟。再有，畅销书有从众效应、追逐效应；还有，时尚因素在畅销书里比较多地被照顾到，这也是读者需要的正当的快乐。

《阅读盛宴畅销书》，2012年6月

畅销书往往"无奇不传"，比较能吸引眼球，快慰人生，这也是读者正当的快乐。

往往有书因敢出真言，形成广场效应，影响社会舆论而畅销。在社会转型期或者生活不太如意的时候，大众读者往往会循着畅销书从众而行，追逐真理、真相。

虽然畅销的不一定是好书，可只要是真正的好书，则越畅销越好；出版社要堂堂正正地去做畅销书，尤其要大做优秀畅销书。

《优秀畅销书是读者的盛宴》，2012 年 10 月

畅销书没有形成规模经营，首先是作者的写作没有很好地符合大众对畅销书的需求，其次是出版者选择畅销书的选题可能并不准确，再就是营销不力，在信息传播、促销手段上，也可能有问题。

《阅读的社会和社会的阅读》，2006 年 3 月

出版业的市场化决非畅销书化。市场的需求是多层次的，应当细分市场，细分品种，因为读者的需求是多样的。

《需求即被选择》，2002 年 4 月

竞争是人类赖以发展的好东西，物竞天择，是人间正道。可是，过度竞争，成了竞争崇拜就不好了，这是一种绝对化的态度，什么事情一绝对就走向反面，负面影响很大。重复出版、拼凑出版、急功近利的出版现象都与此有关。

图书市场过度竞争的状况不能不引起我们的忧虑。过度竞争会破坏市场的良性运转，更会毁坏我国多年来形成的独具特色的出版文化价值和道德标准。竞争是好东西，可是不能丧失文化责任，竞争还要有一定的秩序和道德规范。

战场是你死我活，而出版业的商场应该是"你活我也活"，是和谐共荣，按照大家共同遵守的市场秩序、道德准则和行为准则来操作，否则，当所有人都在进行"你死我活"拼杀的时候，文化责任就只能留待以后再予评说了。

《文化：出版的本质与终极目标》，2007 年 6 月

市场的本质是竞争，但是，如何去竞争，用什么样的价值标准、道德尺度、行为准则去参与市场竞争，是强取豪夺，还是取之有道，是积极进取，还是懒散懦弱，需要每一个出版企业进行理性思考。

《出版企业的文化管理理论与实务》，2006 年 3 月

不从实际出发的问题，在出版社生产经营过程中最为常见。出版项目不顾市场情况和自身条件地盲目上马，会造成严重的重复出版、低质低效甚至劣质亏损。营销活动中互相克隆，甚至言过其实，将严重败坏客户和读者的胃口。

出版业是否从实际出发的问题，真正有权评判的是市场和读

者，还有就是仓库里积压经年的图书。

《出版社经营管理的辩证思考》，2002 年 12 月

创新是一个全面的概念。我们常常把创新的内涵片面化到出版物上，一句"内容决定形式"，一句"书好才好卖"，往往是攻其一点，不及其余，结果往往是差之毫厘，失之千里——何况差之不仅为毫厘，所失也就不止是千里万里了。

品种的独特价值总是出版物营销成败的第一要素，我们的出版同行却可能不约而同在同一个时期出版十种以上的《红与黑》。可见，品种创新即是非常浅显的道理，然而要真正做到又是多么的不容易。

《创新才会赢》，2000 年 12 月

出版业从资源、产品到市场、产业都具有千变万化的特点。因此，出版业更多地需要描述得更清晰的交易规则，让从业者把精力投入创新而不是扯皮上来。

我们的产业规则必须在行业自律上达成共同认识，增加协同行动的自觉性，必须有利于各企业在同一个规则之下自由发展，有利于最大多数企业发展。同时，这个原则要把"坏"的东西限制住。

出版行业交易应该建立规则，既是竞争的，又是合作的。当

然，在竞合中，合作是一个相对的过程，而竞争是绝对的。

适于竞合的行业具有几个特点：通过不断创新难以形成一家独大，市场足够大而不会被一家独占，产品隐性化程度高而谁也不能完全掌控对手经营行为。出版业永远属于适于竞合的行业。

从专业出版、教育出版、大众出版三大板块来说，教育出版是最适宜结盟的，因为其资源、渠道和用户都较为明确。教育出版商是否结盟、如何结盟既取决于教育出版主体的态度，也与整个出版行业的态度相关。

《把主业强势做到极致》，2011 年 5 月

书业经济面临一内一外两个问题。一个是作为市场主体的出版发行机构自身需要改革、改造和自我完善的问题，一个是书业市场环境和经济秩序建立及规范的问题。

书业市场经济秩序的建立和规范要在三个层面上立体交错展开，即技术层面、制度层面和价值层面，重点、难点主要是后两个层面的问题。

书业市场经济秩序的建立和规范，是靠交易者共同遵守的行为规范和准则来维护的，其形成是一个动态的渐进过程。

市场经济秩序的形成经历了约定俗成的低级阶段、道德规范的

弹性阶段、规章制度的行政阶段和法律规范的终极阶段，其中各个阶段都是动态变化的。

书业市场经济秩序的建立和规范，有三个基础性的事情要做：一是构建长期有效、依法行事的市场监管体制；二是建立书业信用体系，严厉打击违法经营行为，切实保护合法权益；三是打破地区封锁。

《渐进中的书业市场经济秩序》，2005 年 5 月

我们是做道德文章的行业，做的是经国之伟业、不朽之盛事，不讲道德，不讲信用，实在与行业所作所为不相符。我们讲诚信文化建设，正是我们行业的职责所在，既功在企业，也利在行业。

出版发行业的诚信体系建设既需要"他律"又需要"自律"，既要进行制度建设，又要进行包括道德教育在内的诚信文化建设。

制度建设是出版发行业诚信体系建设的基础，但诚信文化建设却是根本。有什么样的行业文化，就有什么样的行业法规状态，这是基本规律。制度管理并非万能，行业文化还在发挥着覆盖性、弥漫性、根本性的作用。

尽管诚信文化建设是诚信体系建设的根本，但制度建设依然是诚信体系建设不可或缺的基础，制度诚信也更具有操作价值和作用。如果说诚信文化像是人之健康保健，那么，制度诚信则像是为

人之治疗病痛，二者缺一不可。

出版发行要讲求经营策略，但策略与不讲信用无关，更不能以次充好；策略也不是赖账；策略要有文化，要有道德和价值的标准。

每一个出版企业都要明确自己该做什么、不做什么，提倡什么、反对什么，追求什么、放弃什么，建立良好的内在规范。这样的文化对企业经营将会起到巨大的推进作用，其经营策略必然也会是健康、智慧而着眼于长远的。

《出版发行业：诚信忧思与对策》，2008 年 1 月

许多书出得太容易、太轻易、太随意、太泛滥、太算不得什么东西，泥沙俱下，鱼龙混杂，良莠莫辨，真书假书难分，甚至劣币驱逐良币，黄钟毁弃、瓦釜雷鸣，大量的书速朽。不免让人遗憾、厌倦。

《一本书主义与一本书运动》，2006 年 7 月

出版发行企业之间的竞争应当在统一开放、竞争有序的出版物市场上一荣俱荣、强者愈强或后来居上，而搞地区封锁自然是保护落后，但终将是一损俱损。

出版物市场秩序的整顿和管理，直接关系到出版企业的生存安危。为此，出版产业的发展需要出版物市场监管部门的保驾护航，

这一需要还会越来越至关重要。

《抓住重点环节　发展出版产业》，2002 年 12 月

出版业存在的问题，需要从整体市场体系设计上入手，切实解决，而不能用一般号召来解决；也不能头痛医头、脚痛医脚，甚至头痛医脚、脚痛医头，还有由谁来医的一系列问题，都要切实解决。

《出版集团如何进入产业化时代》，2008 年 7 月

完善行业政策，改善市场环境，企业既是请求权益保护的市场主体，又是要严格自律接受管理的对象。要解决这个问题，主体只能是政府，次主体是行业组织，企业则责无旁贷要积极参与，自觉支持政府的法制化管理。

《文化大发展大繁荣形势下的出版产业》，2007 年 11 月

出版发行业的行业信用不仅是一个道德问题，更是一个市场秩序问题。行业信用如果只是道德问题，就主要通过教育来调整，而如果是市场秩序问题，那就必须通过有效管理使之落到实处。

出版发行行业的诚信问题严重阻碍统一开放、竞争有序的出版物市场的建设和发展，应开展行业信用管理工作，推进诚信体系建设。

出版发行业要实施信用管理，就必须确定管理主体，组建行业信用管理机构，开展经常性的管理工作。

出版发行业要实施信用管理，就必须建立行业诚信管理制度，建立失信惩戒制度，加大对信用缺失行为的处罚惩治力度，建立信用档案，定期通报诚信状况，强化监督制约，甚至将此项工作与出版发行企业准入和退出机制建设联系起来。

《出版发行业信用管理小议》，2008 年 3 月

诚实信用无论什么时候都应当是为文为商的根本。"无商不奸"只是上了当的顾客的诅咒，"无奸不商"则是一种臆测和误导，不足为训，说到底这里面还是一个为人的问题。

一个出版社所出版的图书是不是哄骗读者，人心是秤，读者自明，骗得了头回骗不了二回三回，甚至连头回都骗不了，吃亏的最终还是出版社自己。

要重视"顾客价值"。大凡成功的企业都是通过创造最高"顾客价值"使自己在竞争中立于不败之地的。

顾客的每一次消费，都可能是一次评估价值的过程，这个评估将影响他下一次的同类消费。企业一定要善待这种评估，而善待的最好的办法就是在产品的生产和营销时把创造最高的"顾客价值"放在中心位置上来解决。

出版企业在对待出版物的内容质量、编校质量、印装质量以及宣传定位、价格定位等问题时，"顾客价值"应该经常地放在我们的预测中心。欺世盗名、瞒天过海终究不能长久。

《在美国谈中国书》，1998 年 11 月

▶▶▶ **4**

编 辑 艺 术
BIANJI YISHU

编学相长。

《全程策划　全线营销　全面收获》，1991 年 12 月

编辑要有成人之美的精神。

编辑是使一个作品成为好作品的最初推动力。一个好作品，在人们还没有认识到的时候，编辑就应该能够认识到，编辑还能使这个作品更好地呈现出来。

编辑受尊重不够，一个重要的原因是不少编辑对于作品的最终出版没有太大的作为。至于原因，主要是编辑的职业价值观、行为准则，甚至是职业道德准则不明晰，编辑的职业精神有所缺失。以前编辑极受尊重，是因为许多编辑很有作为。

《进取在俗与不俗之间》，2008 年 4 月出版业要提高编辑工作的保姆精神。保姆就是为他人服务，保姆就是帮助别人过得更好，一个称职的保姆总是在服务劳作中任劳任怨。编辑保姆说，直抵编辑工作的最高境界，让我们看到了编辑的可贵情怀。

《追忆王笠耘先生》，2009 年 12 月

出版工作决不是替新娘做嫁衣。出版工作应当参与到作品的创造之中，应当为最新的科学文化信息的传播作出创造性的贡献。

《创造总是最美好的》，1995 年 12 月

一部出版史，是出版物构成的历史，说到底，也就是编辑、出版人活动的历史。

编辑，是出版业文化内涵的核心，是出版业最主要的生产力之所在，是出版业最活跃最具生命力的细胞。

无论今天和未来出版业再如何产业化，我们只要不打算放弃对文化品质的坚守，只要不打算放弃出版行业的责任，就不能轻视更不能放弃对编辑业务的研究。

《〈黄金时代〉序言》，2010 年 7 月

一个编辑出版人，有一部书能留得下来就算得上了不起。

一个编辑，十年可以编辑出版很多书，但一定要去做一本留得下来的好书；倘若不行，就二十年做一本；索性，一生只做一本！如能是，到了我们告别职业、告别人生的时候，一定能少一些懊悔和羞愧，多一点自豪和欣慰。

"做一本比生命还要长的书"，立意高蹈，志向远大，雄心万丈。业内凡有志者，莫不作如是观，莫不作如是想，莫不为此热血贲张，莫不"众里寻他千百度"。

一个编辑，起码要有社会责任心——作者、学者可以文责自负，出版者却要为社会、为读者把关，因为这是公众传播行为。

一个编辑，起码要有专业责任心——"知之为知之，不知为不知"，凡有不知者，既不要轻判他人文稿的生死，也不要好为人师，指导作者走入歧途；既不要追星炒作、大言欺世，也不要成为一个个"绣花枕头"图书的绣花枕套。

一个编辑，起码要有道德责任心——遇上污言秽事要有排异反应而不会生出嗜痂之癖，面对有悖道德伦理的书稿，无论多么畅销、多么一夜暴富，也不会为之所动。

一个编辑，起码要有奉献精神。编辑终日忙于成人之美，以助作者出书为乐，没有奉献精神何至于此。没有奉献精神，再好的书稿也可能被弃若敝屣，更不必期望编辑能为别人的书稿奉献智慧和心血了。

一个编辑，起码要有创新精神。重复出版没有创新精神，拾人牙慧没有创新精神，东拼西凑没有创新精神，"贵远而贱近者"没有创新精神。内容产业，内容产品，总以内容创新为王，持续改进创新为荣。

一个编辑，起码要有学习精神。一个编辑要做"比生命还要长的书"，却不打算持续地学习，一个出版书的人却不爱读书，没有比这样的事情更滑稽的了。

一个编辑，起码要尊重作者。从出版之本末来看，作者与文稿就是出版之本。但是，我们不少时候却弄得本末倒置，或轻贱作者，或捧杀作者，不时还会驱使作者草草完稿，大行破坏他人精心写作之能事，眼中唯有利润，心中岂有他哉！

《编辑起码》，2005 年 10 月

无论书稿是怎样的稀世之珍，稀世之珍离不开抱璞之人，审读的编辑便要随时准备立抱璞之功；无论作者是何等的智者，智者千虑，必有一失，加工的编辑便要随时准备做好智者的一字之师。

一个编辑，可以不善于通过捕捉图书市场的信息来提出选题，可以不善于通过把握社会和专业的格局来设计选题，可以不善于交际而拙笨于组稿，可以不善于创作而无力指导作者，但他必须学会审读以取舍书稿，必须学会编辑加工以完善书稿，此为编辑之初步，编辑之基本功。

编辑工作具有深广的内容，然而深广必须有度。对一部书稿，为了尊重作者独立见解，尽量不改，为了尊重事实与共识，却又不能不改；为了尊重作者风格，尽量不改，为了有利读者理解，却又不能不改；文法在好与不好之间，尽量不改，而在通与不通之时，不能不改。一切应以知识为依据，以著作权法为准绳。

编辑要学会退稿，学会退名家、大家的稿件。要退得有理有据，退得有独到见地，退得入情入理，退得十分礼貌，退得让人服气——即便当时脸上挂不住，多少年后自有中肯评价。

代有时文，编辑者对待书稿决不可食古不化，在语言文字上也就不能作茧自缚。

编辑者必须又博又专、能入能出、不卑不亢、边干边学、有识有度。前四点是为编辑初步，后一点即为修养境界。此数点倘能做到，一个优秀编辑也就几近修养成熟了。

编辑者必须又博又专——学识既要广博，还要学有专长，方可能于编稿时"非如观世音之具千手千眼不可"（钱锺书赞周振甫语），完成好这种共时性的智力劳动。

编辑者必须能入能出——入则理解作者，出则关照读者，时为假想作者，时为假想读者，时而领会书稿，时而挑剔杰作。

编辑者必须不卑不亢——既不匍匐于作者脚下，也不朱笔乱批他人文章。

编辑者必须边干边学——学也无涯，知也无涯。不能等到学好了才去实践，无涯者什么时候能说学好了呢？自然要不断学习，边干边学，编学相长。

编辑者必须有识有度——学识气度是也。"世事洞明皆学问，人情练达即文章"，见识不能没有，凡事更不能无度，因为编辑是一种社会化的文化职业，社会永远是要讲究有识有度的。

编辑者，倘若做好编辑初步，自然要加强自身修养。思想政治修养上要做一个明白人，职业道德修养上要做一个正直人，专业学识修养上要做一个博古通今的人，语言文字修养上要做一个咬文嚼字的人。

编辑者，当从编辑初步做起；编辑者，永远不能放弃编辑的初步。如此，方能成为出版社信誉的基本保证，出版社的良心所在，好作者的最佳配角，优秀作品的助产士，广大读者利益的捍卫者，民族文字的守护神，优秀文化的建设者。

《编辑初步》，1997 年 4 月

办好一个出版物，编辑、作家、读者，三者同样举足轻重。审美对象的创造到审美主体的参与，是创办一个出版物的全部过程。

　　爱我们的读者，我们就要奉献最好的作品来培养大家的鉴赏力。

　　倘若我们能如爱我们的亲人一般去爱我们的读者，我们便有可能迅捷、深切而准确地感触到读者们的真情，体味到读者们高尚的艺术情趣，便有可能与广大读者的心声形成共鸣。

　　爱，不是一件轻松的事，爱我们的读者，真正做好则尤其不会轻松。但是，无论如何我们得努力去做。

　　人生的经验告诉我们，你一旦真诚地爱上了一个人，便会努力了解他的好恶，理解他的忧乐。我们讨厌那种漠视读者的面孔，用虚无的表情以示清高只能归于自身的虚无。

　　做出版而忽视读者，这就有如做生意的人不理睬顾客，甚或讨厌顾客问津，当然十分可笑。问题还在于，做出版不是做生意，不是逢迎顾客做成买卖便能完事的，这里面还包含着高尚的精神活动。

　　如果某一天，当赚钱成了我们唯一或最高的目标，那就说明我们已经不爱我们的读者，社会责任感与文学兴趣也将付之阙如，那时，我们的脸上——我们的出版物上将浮荡着一种不洁的神情，也许我们会对读者加倍地热乎，但那不是爱，而是奸商的诈取、禄蠹的诱惑，我们也就成了无聊文人。

我们爱读者，也盼望读者爱我们。盼望读者把我们当做亲朋好友来关心，中意就叫一声好，不满就骂一声丑，而无论说好说丑，我们都会有被关心的感动，都会激励我们做得好一些，更好一些。

《文学季刊〈漓江〉刊前语》，1988 年

作者为尊。

作者是出版工作的根本，是出版的第一资源，质量的第一保证。

作者为尊，首先是一种态度。态度决定一切，出版社与作者合作的态度是出版项目完成的决定性基础。

一个被公认为大社的出版社，与它合作的作者必定很多，这是一个出版社不竭的源头活水。这就是大社的作者缘，大社的风范。

出版社要做大，有容乃大，能容纳尽可能多的作者，真心诚意地尊重他们，自身才会持续地壮大起来。

我们说作者为尊，却不能得出作者唯尊的结论。尊重作者，是因为我们尊重知识，尊重人才，尊重出版项目的第一创造者和著作权者。但这不是事物的全部，出版社对作者的帮助，也是出版项目得以成功的必要条件。

出版者对于作者的帮助是有限度的，这限度便是止于作者的意愿。现代型的出版合作应当是一个执行著作权法的过程。

任何强加于人的帮助，都是对作者的不尊重，结果往往适得其反，闹出著作权官司来，一边是作者受助却叫受辱，一边编者出力却成侵权，谁都不开心。

《作者为尊》，2003 年 2 月

聪明的出版者应当是作家创作时的知己者、贴心人乃至诤友，而不应事不关己、冷眼旁观，反之则唯唯诺诺，无立场，缺定见。

清醒的出版者应当睿智地选择作家和自己所需要的作品，而不是鲁莽灭裂地强作家之所难、之所不能、之所不为，缘木求鱼。

严谨的出版者应当具有既要多些更要好些的健康态度，随时保持着助人"十年磨一剑"的大气派，而不应教人马虎、催人完稿去牟取急功近利。如此，出版者方可称得上是优秀作品的助产士。

"世有伯乐，然后有千里马。"从一定意义上也可以说，有了优秀的出版家，聪明、清醒、严谨、助人，就必定能出现优秀长篇小说的繁荣，中国作家之真正辉煌也有待于中国出版家之真正优秀。

《长篇小说短论》，1996 年 5 月

文学出版人不应当是文学圈子以外的师爷、贵族或者商人。我们必须走进作家写作的斗室，伴随并且帮助他们进行每一部作品的创造。这种伴随并且帮助是精神的、思想的、人生的、文学本体的，是荣辱与共的。

文学出版人的职责不仅在于发现好作品，还在于发现并帮助文学人才，从可持续发展的战略来看，也许更有价值的是后者。

《与巴尔扎克、斯坦因一起喝咖啡》，1999 年 12 月

文学的生命在于创新，文学出版作为文学的实现形式，它的生命当然也就在于创新。

创新范畴是文学出版的核心。出版具有创新精神的新作品，是文学出版最为激动人心的贡献，是文学出版长驻人类精神家园的通行证，是文学出版将与人类同在的根本原因。

创新是文学出版的生命这一论断，将在较大时空的迁延中不断地得到历史的证明，而在市场秩序逐步条理化和读者变得稍微理性之后，现实的市场很快便能对它作出最直接的检验。

在文学出版所有创新的努力中，图书品种的创新当然地具有最本质的意义和最重要的价值。出版新的原创作品将成为文学出版社的主攻目标。

《创新：文学出版的生命》，2000 年 12 月

文学出版结构既要传承一些好的东西，也要增加一些新的东西，既要讲品牌，也要讲品种数量，讲生产能力，这既是文学发展的需要，也是市场竞争的需求，矛盾的两方在一定条件下是可以统一的。

《文化：出版的本质与终极目标》，2007 年 6 月

书稿是出版社的第一资源，书稿是图书质量与效益的第一保证，因而把策划选题、组织书稿诸事看成是出版业务的第一件大事，这是当今出版人的共识。

《国际组稿》，1997 年 3 月

选题制订工作，是出版社出书全过程中的第一道工序，也是最基本而又具有主导意义的一道工序。

选题制订将绘制出出版社在一个时期里的出版工程的蓝图，将作出出版社未来的各类图书在所属知识门类中的地位和价值的预设，将影响出版社在出版界、读书界的整体形象和风格，还将从根本上确定出版社未来的图书在图书市场上的竞争地位，从而从根本上影响出版社未来一个时期的经营和效益回报。

科学发展的总趋势和总特点是综合化、一体化、系统中心化、整体优先化。从纵向上看，世界是大系统包含若干小系统；从横向上看，同一事物可以分属于不同的横向系统；就选题系统而言，整

体不等于各个部分的简单相加。

出版社的选题计划完全可以看成是一个工程系统，系统科学的若干方法可以帮助我们深化对这一工程系统中的种种矛盾和问题的认识，并找到解决的途径。

出版业应尽快地切实地掌握和运用系统科学方法，研究和探索出版工作中的各种规律，指导出版工作，尤其是选题的制订工作，减少工作中的盲目性、非条理性，增强自觉性、目的性、条理性和创造性。

选题制订工作是一道复杂而困难的工序，尤其具有条理化和非条理化的矛盾，尤其处于极为复杂的内外关系之中。

出版社作为一个由许多个人和部门组成的整体，条理性和非条理性无疑是它内部永恒的矛盾。作为社会生活中的一个部分，出版社又是在社会、出版界生存发展的，在这一"场"环境中它无疑既要接受各种制约，又要摆脱各种困扰。

出版社内部和外部的条理和非条理、价值取向、个性和共性、个人利益和集体利益、愿望和潮流、习惯和目的、不变和变化等种种矛盾，需要在选题制订工作中逐一加以科学地解决。

在全国出版业这一大系统中，出版社当然就是包含在其中的一个小系统。出版社这个子系统必须符合全国出版业这个大系统的总体化规定，每一个子系统都可以而且应当从它与本专业系统的关系来确立自己的地位和任务。

制订选题时，应当首先确认自己出版社在本专业系统中的地位和任务，用已经出版的同类书以及其他同类出版社的选题计划建立起参照系，进行自我评价，尽可能地把图书市场特别是本专业图书市场的情况作为市场预测框架，进行市场前景预测。

只有选题制订时进行自我评价，才有可能发现本专业系统内有待填补的空白，才有可能确认自己选题的新颖度、深度及学术价值，才有可能主动组织、鼓励某些具有创新精神的作者，推动某些题材、某些学术领域的写作，进行实验和革新。

只有选题制订时进行市场前景预测，才敢于为新版图书扩大宣传、开辟市场、寻找读者，才可能避免选题的盲目性和雷同化，增强目的性和自觉性，才可能获得在图书市场的竞争中不可替代的实力地位。

就选题制订系统而言，其整体性质并不等于各个元素"自然质"的简单相加，而是各个元素构成系统之后往往出现单个元素所没有的新质，这种新质称为"系统质"。

从系统科学来审视选题制订工作，我们不难发现那种各个编辑选题相加而成编辑室选题，各编辑室选题相加而成出版社选题的"自然质"简单相加的做法，是缺乏自控调节能力的，也是缺乏创造性的。

出版社在确定了一段时期甚至长期的选题目标、结构、风格之后，就要以此为主导，制订自己的选题计划。

出版社在选题制订过程中，应当努力解决好各编辑、编辑室的各种"关系"。编辑的选题应当与这个主导产生正效应关系，而把可能产生负效应关系的选题减少到最小值。

为了避免系统内部的矛盾冲突，出版社有必要在讨论选题之前，以更大量的时间来充分讨论未来选题的目标、套路、风格。通过讨论，可以使编辑们明确怎样获得自己的"系统质"，更为理性地判断、选择自己的选题。

丛书的设置要真正做到整体化、一体化，包括一些预见到可能陆续出现的"散兵游勇"选题而择其相类处设置丛书，将它们集合成有机整体，从而形成出版社选题计划的整体形象和风格。

一家专业出版社，为了制订选题，至少要对政治形势和政策信息、专业选题信息、读者信息、市场信息及本社信息进行及时的摄取和研究，并整合到自身运行机制中来。

为了接受信息和使用信息，出版社必须建立自己的信息机构和切实的运行机制；采用先进的科学分析手段，这样可随时启发编辑设置选题的思路，修正选题计划，开拓新的选题。

事实已经证明并将继续进一步证明，哪一家出版社注重信息的接受和作用，它的选题组织程度、有序化程度就高，标新立异的、可以产生"双效益"的尖端选题就多，修正已有选题计划的灵敏度无疑会迅速提高。

《从系统科学看选题制订工作》，1991 年 7 月

学界业内对某些全集出版常有臧否，以为某人资历成就庸常，何以就全而集之了呢？自忖倘若以尊重个体生命为准则，能把一个人的著作文字集全了，又有出版者愿意投资，且不论读者寡众，起码也算是为历史留下一个标本，一份沉淀物，为研究者提供一个文本，一份第一手材料。

一部全集，殊为重要的还是它所具有的历史意义、文本价值。

全集既为全集，而非文集、选集、自选集，自当以全取信，以全取胜，要在全字上下工夫。

历史标本，研究文本，至为紧要的一个是全，一个是真。求全在一定意义上是可以把握的，有就是有，无就是无，可以实实在在地考据求证。对于研究材料，只要全字当头，真也就应当包含在其中。试想倘若一个人全无保留地坦露自身，我们距离他的本真是不会太远的。

全集的编纂方法是，首先把能够收集到的作者作品依原样汇编

起来，进而把作者的书信采集编录进来，再就是作者的日记、手记、札记，很可能未经作者雕饰，往往鲜活，未经作者功利化，往往坦诚，很可能属于私人化写作那一类，最容易成为全集比较出彩、研究者比较放心的部分。

《且谈全集之全》，2000 年 2 月

读者的需求便是编辑出版者的时务，于是数千年来各种作品类选书籍层出不穷。文选、观止、别裁、杂钞，横岭侧峰，视角不同，有的有理，有的少理甚至无理，有的有趣，有的少趣甚至无趣，有的有关联，有的则是生拉硬拽，有的独具慧眼，有的则编次无法，更有的割裂经典、自相矛盾，一如我们所熟悉的出版行当，难免鱼龙混杂、五花八门。然而，类选之工总是要做下去的。

《"连理文丛"序》，2004 年 11 月

就内容而言，出版工作分为创新性出版和积累性出版两大类，大体上创新性选题易好，积累性选题难工。

《〈创意阅读——中国文学名家新评〉序》，2008 年 12 月

出版工作要"继承传统，开拓创新"。总其要略，那就是创作性作品无新意者不出版，文化积累性著作无深意者不出版，而大众普及类出版物则要讲求效益，宣传务求创意，行销立足于资讯。

《书籍垒就大厦　文化铸造丰碑》，1999 年 9 月

出版集团如何通过文化管理，推进整个集团的图书选题创新，乃是关系到集团及所属出版机构提高市场竞争力，壮大整体实力的核心性问题。

原创性作品和独创性著作，是选题创新的主要追求。这样的选题对于市场的吸引力自不待说，而每一时代能够留存下去、传之久远的主要还是这一类图书。

以文化继承为主要内容的出版项目，其选题设计和内容整理、诠释，也要求每一时代的出版人作出具有创新价值的贡献。孔子编纂"六经"是一种创新性的继承，后人代代"我注六经"与"六经注我"，都有其别出心裁的地方，也是一个创新的过程。

集团并不是出版产品的研究开发和生产经营的中心，既要在图书选题创新方面发挥作用，又不要发生越俎代庖的尴尬，既不能无所作为，又不能鲁莽从事。凡事过犹不及。这是一个需要科学把握和切实处理的问题。

对于图书选题创新，集团需要切实形成出版主业经营管理特有的运转流程和作用机制。这个流程和机制的核心要求，就是以文化管理为主要内容的集团式管理。

出版集团以文化管理来推动图书选题的创新，应建立符合出版集团战略目标和出版行业实际的图书选题创新价值体系；建立有利于图书选题创新的体制机制；建立有利于图书选题创新的投资体系和投资管理办法；建立实施图书选题创新的人才队伍。

出版集团既要提倡自主式开发的选题创新，还要正确对待开放式引进的选题创新。

无论是哪一类图书，总有高下粗精之分，出版集团所属出版社就要在自己主打的图书门类中追求上乘之作，而不能以兼容并包为由降格以求。

出版集团要把选题创新作为一项核心业务，其价值观、价值标准要建立在全集团的共识之上，特别是要把此当成一项基础性投资，精心设计、论证、讨论、修改、实施，检查落实情况。决不能大而化之，空而泛之，不能停留于一般号召。

出版集团要建立选题计划论证机制。既坚持要求出版社严格遵守选题三级论证制度，也要直接主持出版社年度选题计划专家论证工作。通过严格的选题论证，强化选题思路、选题结构和具体选题的创新。

集团要抓住全集团选题创新的战略设计，抓住出版社年度选题思路的创新，抓住出版社选题结构的创新，抓住重点选题的创新。

集团要抓住集团以及所属出版社核心价值的追求，抓住年度重点出版项目。如能是，以经营的"二八法则"来衡量，集团也就抓住了全年百分之八十的经营收益和效益。

出版集团尤其要努力形成有利于选题创新的集约经营机制。直接体现集团选题创新的价值追求，需要按照精少而重大的要求，从大的战略规划去谋划和实施。这种集约创新既保证了规模效应，又调动了出版社的积极性。

出版集团进行选题集约创新，可以把散落在所属各出版社的畅销图书集约到集团这一高层次、广阔的平台上来推广，既体现了集团对于畅销书的价值主张，也使得这些图书的影响力实现几何级数式的扩大。

集团要建立出版业绩的科学评价体系和评价制度。在评价的实体标准难以确定和操作的情况下，可以通过公正、严格的程序性办法进行考评，至少可以使得考评能够开展起来，也能在一定程度上保证公平、公正。

出版集团可以通过体制改革来推进图书选题板块和集群式创新，可以根据行业结构、市场需求和内部结构优化的需要，及时改造现有出版实体，组建新的出版实体，创立新型业态，实现图书选题板块的整体创新和结构优化。

在图书选题创新过程中，出版集团不仅是一个价值倡导者、价值评价者和体制机制的改革者，还要拥有自己的经济手段。具体来说，集团应当建立相应的投资体系和投资管理办法，把选题创新的要求落到生产经营的实处。

出版集团要把投资变成选题创新的重要牵引和动力。不仅要明确要求所属出版社加大对具有创新价值的图书选题的投资，还要选择特别重大的创新性图书选题，直接组织资金予以支持。

出版集团行使出资人权利，还要对选题创新的投资有一个科学的管理办法。所属出版社要有选题创新的经营权，但这个权利并不是无限的。原则上，投资要有可行性论证和不可行性论证，投资权限要有一定的自主金额限量。

图书选题创新是一种智力密集型和知识密集型的生产经营活动，其主要特点是对人力的依赖性特别大。集团实施图书选题创新，必须建立一支由多种类型的创新人才组成的队伍。

实施图书选题创新，要注意人才不同类型特点的区别。大体上，图书选题创新人才可以分为内容为王型、策划制胜型、资源优先型和综合完善型四种类型。

内容为王型的选题创新人才，主要特点是学科专业把握能力强，但可能有所脱离市场和时代；他有十年磨一剑的毅力，但也可能同样的剑别人磨得比他快速；出版社因为他而可能获得最具价值的独创性书稿，但应当及时帮助他提高创新的效率和目的性。

策划制胜型的选题创新人才，主要特点是创意点子很多，但真正可用的往往只是一两个；他随时可以为作者提供点铁成金的金点子，但也可能使得自尊的作者有所不快；出版社因为他而总处于脑力风暴之中，因而要用心保护他创新的激情。

资源优先型的选题创新人才，是出版社的外交家、情报员，眼观六路，耳听八方，四面讨好，一团和气，这样的人有时会招致出版社内清高名士的白眼，出版社却会因为他而获得书稿资源、作者资源上的优势，为此要保护他为创新而奋不顾身的精神。

综合完善型的选题创新人才，顾名思义，这是一种全才之人，各种人才的优点兼而有之，集团的责任是要让这样的人更多地进入出版社的管理团队。

《用文化管理推动出版集团图书选题创新》，2006 年 9 月

"做正确的事"和"正确地做事"，应当成为一个成熟的出版社的全面追求。

出版策划正确比出版操作正确更重要。

出版业需要强化策划机制。策划是软件，能扩大出版社的整体功能，放大出版社的市场品牌，壮大出版社的整体绩效。

策划已经为出版人当作挖掘出版资源的利器，策划已经成为出版人开拓图书市场的犁耙。策划是出版人帷幄之运筹，策划又是出版人千里之决胜。策划是编剧导演，能凭借出版社所拥有的有形资产和无形资产，演出威武雄壮、引人入胜的活剧。

出版业需要抑制策划机制的泛化。凡策划，张口就是"经典"，闭口又是"精华"，一味"系列"，动辄"大全"，如同古今惯用的十全大补。常常一题十书，一鸡十吃，滥用"魔方思维"，如同饥饿年代"忙时吃干，闲时吃稀，一日三餐可用瓜菜代"。空泛之病，实为空泛之策划所导致。

出版业需要抑制策划机制的泛化。凡策划，只要作者行情看好，凡写必出版，以其闾闾，一哄而炒；作者既冷，车马稀往，死活不认，势利取舍，不论是非。浮泛之病，自为浮泛之策划所繁衍。

出版业需要抑制策划机制的泛化。凡策划，唯销路是问，少谈真知灼见，只问市场热点。书评家常有，真正书评却不常有。以作品讨论会之名，行评功摆好之实，作者、编者当面受用，总觉滑稽。媒体日日隆重推出，空白补了又补，名著巨著早已堆积成山，然而每遇学人谈书，总嫌书多好的少。虚泛之病，更为虚泛之策划所生成。

出版业需要抑制策划机制的泛化。学人式的编辑日见其少，敢当"大系"、"精选"一类主编的编辑日见其多。真可谓：策划既泛，不及其余；策划障目，不见出版。

既为产业，出版策划的必要性和功效性不可否认，理当强化之。然而，若策划可以不必有理想，不必有思想，却可以投机取巧，不论学问，把争取最大市场效益当成出发点和最终目的，这就势必要危害产业的文化属性、信息属性，应当引起人们的高度警惕。

文化建设永远追求理想，讲究思想，永远以真才实学和良知为其基石，信息传播永远以真实、可靠为其基本原则。我们所需要的策划，乃是建立在这些基石和原则之上的策划，乃是以两个效益为目的，而尤以社会效益为第一目标的策划。

为了使健康有益的策划最终完美地实现，我们必须以出版全过程无一不重要的态度对待图书生产中的每一件事，去正确地做好这一件件大事小事，要求每一位员工在自己的岗位上做出一等的成绩来。

《策划与泛策划》，1997 年 4 月

重复的选题内容，重复的类编组合，重复制造的某种热点，是没出息的，是无所作为的，势必要受到或者是文化的鄙薄，或者是经济规律的惩罚。

《出版热点面面观》，1994 年 10 月

凡出版业发生某一类追捧、热捧现象，必定与当时社会的某种精神需求和文化时尚密切相关，值得出版专家、社会学家以及社会管理者去做深入研究。

《长篇历史小说〈铁血祭〉序》，2008 年 9 月

要办好出版社，必须建立一个决策支持体系，否则这个企业的决策很可能是盲目的、无效的，这样就很难达到可持续发展。但决策支持体系可以是多种多样的。

项目准备会制度是一种决策支持体系，要求计划出版的每一种书，都要由编辑室主任召开项目准备会，在项目准备会上讨论这本书什么时间可以印出来，用什么材料，封面装帧和版式设计有什么构想，策划有什么打算等等问题。

项目准备会是解决出版社历来存在的编辑、制作、发行互相扯皮的一个好办法，因为出书的各个环节都当面议定了。企业需要一定的秩序，这就是一种秩序。

《建设可持续发展的现代出版企业》，2000 年 12 月

在出版物的制作上要坚持提出高品质的要求：高的编辑品质，高的设计品质，高的印制品质和高的各种载体品质。

《写中国出版集团这部长篇小说是我最大的快乐》，2008 年 11 月

图书生产须用心打造品质，细节即品质。

图书生产要建立全面装帧设计的观念，这是整体营销不可或缺的环节。或者说，在每一个制作环节都要考虑到读者的需求和市场营销的效果。

图书品质的设计者要有与读者进行潜对话的意识。设计即对话——与时代对话，与读者交流，与时代、读者的审美的经验对话，与时尚倾向对话。在这个过程中，出版者也就产生了未来书籍在书架上的位置感以及与读者的感应预期。

《版权合作：一种双向的选择》，2004 年 8 月

5

数字出版

SHUZI CHUBAN

数字化潮流，浩浩荡荡，顺之者未必昌，逆之者一定亡。

数字技术经由生产流程、产品营销、产品制作层层渗入出版产业的机体，数字出版已经从阅读和传输软件开发的阶段发展成为出版产业的一种业态。

数字化与全球化联手改变着出版行业运作模式。时间、空间的伸延缩短了人际交往所需的时间和空间距离，不仅有助于大众出版机构制造全球畅销出版物，也有助于学术性强、受众范围狭窄的专业期刊或学术书籍寻找到世界范围的读者群。

《数字时代：国际出版发展的新路径》，2010 年 8 月

数字出版主要是指以互联网为流通渠道、以数字内容为流通介质、以网上支付为主要交易手段的出版和发行方式。

数字出版的价值链与纸介质出版的价值链基本相似，主要由内容商价值链、企业价值链、渠道价值链和买方价值链构成。这个链条上的每个环节都有自己专注的领域，合起来才能形成整体优势。

数字出版的主体可以简单表述为：作者——数字出版者——技术提供商——读者，这与传统出版的主体（作者——出版者——发行商——读者）看似差别不大。倘若把数字出版的链条细分和扩展开来，我们会发现数字出版产业链的构成有着更广阔的内涵：著作权人——内容提供者——数字出版者——技术提供商——终端设备提供商——网络运营商——电信运营商——金融服务提供商——网络传播者及读者。

《数字出版：距离成熟还有长路要走》，2009 年 1 月

数字出版包括了原创作品的数字化、编辑加工的数字化、印刷复制的数字化、发行销售的数字化和阅读消费的数字化，数字技术渗透到了出版的所有环节。

出版数字化产业以内容即作者、出版社为源头，以数字图书馆、网上电子书店为渠道，通过电脑、手机等手持电子书阅读设备为读者提供服务。因此，作者、出版社、图书馆、网上电子书店、手持阅读设备提供商、读者等形成了书稿数字化产业链。

《数字化条件下的中国出版》，2007 年 4 月

网络出版的超大存储、跨时空传播和开放性互动的功能，使得出版得以实现立体化、个性化、贴身化、即时性、广泛性服务，由此而进入了自由度、开放度很高的出版文化形态，这一变化对人们传统的生活方式、学习方式、工作方式的改变都具有很强的颠覆性，对人类社会的影响将是十分深远的。

《从挑战走向联姻》，2000 年 4 月

出版产业传播手段的创新必然会推动内容生产的创新。

数字出版的出现，不仅会带来文化生产的规模效应，还会使受众的差异化、多样化需求得到尊重和满足，较大程度上使得文化产品的工业化烙印有所消弭，进而带来语言符号、写作风格、编辑流程、出版形式、消费办法、思维方法、理解方式等深层次的变化。

《中国数字出版的现状与发展机遇》，2012 年 7 月

数字出版业务是未来出版业的发展方向。内容资源的积累是发展数字出版业务的基础；为用户提供全面的、个性化的数字化信息与知识服务是专业与学术出版的发展趋势。

数字出版不是搞几本电子书，也不是在手机上每天看看手机报，而是整个出版文化产业的一次重大革命，从内容采集、编辑加工、资源管理、产品发布等方面发生整体的变革，是一次历史性的

产业转型，关系到我们整个出版业未来的生存发展。

随着网络阅读市场的不断培育，网民规模不断扩大，阅读方式与阅读载体也呈现多样化的态势，且步伐逐步加快，网络阅读、手机阅读、按需印刷、知识检索等形态的数字出版产品层出不穷，越来越广泛地覆盖出版领域的各个方面。

《实现中国出版集团公司数字出版工作的新突破》，2010 年 5 月

数字化改变的是内容的传播方式和消费方式，而对内容本身的需求非但没有减少，反而更加丰富和多元。

《市场化、数字化环境下期刊业生存与发展的思考》，2009 年 12 月

出版产业传播手段的创新既是需要又是机会。我们处在一个消费时代，又同时处在一个多媒体时代，消费时代的消费需要传播手段的引导和服务，多媒体时代为这种引导和服务提供了多种多样的传播手段。

《写中国出版集团这部长篇小说是我最大的快乐》，2008 年 11 月

数字出版、手机增值服务、网络游戏等低价位、新科技的传播方式必将受到市场追捧，成为文化产业创新传播手段与培育新型业态的重要突破口。

《抓住新机遇　实现文化产业新突破》，2009 年 5 月

技术提供商、渠道运营商和硬件制造商都在进入数字出版领域、跑马圈地、攻城略地，这些角色的进入对于数字出版的发展提供了很多有益的尝试和探索。

《大步迈进出版业的明天》，2010 年 8 月

无论是网络阅读、手持阅读器阅读，还是手机阅读，它们都在改进中进一步地吸引读者，技术对于传统出版的分众式影响会越来越明显。

《谈资本》，2011 年 7 月

传统出版业在发行方面对网络的依赖已经越来越严重，随着网络书店的坐大，出版社将不得不面对这些新的"渠道权贵"的压迫。这并非杞人忧天。

如果出版企业迟迟不能建立起强有力的网络销售渠道，来自网络书店的压榨就只会加强而不会减弱，其最终结局很可能是出版企业丧失产品定价权，读者资源也将逐渐聚集于网络书店之手。到那时，传统出版企业就彻底沦为新型企业的打工者了。

传统出版人常常担心纸介质出版物终遭废弃，这种担心不免显得有点为时过早。不过，讨论"出版业与数字出版距离有多远"这个问题，则并非为时过早，研判数字出版态势并做出正确的应对，应当是出版业的当务之急。

《数字出版：距离成熟还有长路要走》，2009 年 1 月

传统出版商一度被数字化时代的读者有所怀疑，是不是还要读纸媒书？关于这个问题今天没人讨论了，因为有了电视同样看电影，有了电视同样要看剧场，有了电视同样要听广播。所以不要预言图书完了，当然也不要妄言纸介质出版一定会有很大的发展。最好还是抓住事物的本质，那就是出版最终还是内容的出版。

《寻找网络出版的赢利模式》，2011 年 1 月

纸书的亲和力是电子书阅读器、电脑甚至手机不能替代的，而且精品化纸书带来的审美附加值也是电子产品所不具备的。

《把主业强势做到极致》，2011 年 5 月

传统出版只会部分地让位于数字出版，而不会被完全取代。知识类、信息类、检索类的纸质出版物在未来会更多地让位于数字出版，而我们的阅读除了知识的需求还有很多是审美的需求、休闲的需求、鉴赏的需求。

传统出版蕴含的许多出版文化内涵是数字出版无法简单取代的。在未来，传统出版将会越来越倾向于艺术化，而数字出版主要还是体现在技术上。艺术的价值远比技术的价值要高，我们不能简单地对待文化和审美的内涵。

《打造国际一流出版传媒企业》，2010 年 7 月

出版除了信息传播的功能，还有审美的功能、娱悦的功能、收藏的功能。未来的文化是多元共存的，霸权主义话语肯定要被人类多元文化的需求所消解。为此，网络出版能否会让纸质出版物灰飞烟灭，从而占据出版物的主流地位，实在是大可质疑的。

传统出版业拥有的文化积累优势，其中包括书目的积累、人才的储备、编辑的文化含量，还有品牌的无形价值，可以经过数字化，乘上网络的宇宙飞船，全球漫游，广为传播，实现我们的文化理想和市场效益。

文化与技术结合，两者之间对抗不如握手，这应当成为我们明智的历史性的选择。

传统出版业与网络出版的联姻似乎是一种商业合作，然而这更是一种文化层面上的合作，是人类变得成熟起来的一种标志。

人类不应该总是发出"生存还是死亡"这样的痛苦追问。传统出版业将以其成熟的运作秩序、文化价值观和作品判断力直接影响网络公司，网络公司也将以其新的出版理念和出版技术激活传统出版。然后，双方以一种理性而又充满激情、历史主义但又面向未来的态度，携手前进。人类的文明史正是以这样一种承前启后的精神，长河一般地向前延伸。

《从挑战走向联姻》，2000 年 4 月

尽管数字出版发展很快，但在整个所谓数字出版统计中，传统出版物电子化、传统出版物网络化的份额并不大，事实上对传统纸介出版还没有形成根本性的颠覆，直接的威胁也没有形成，但这个威胁可以看得见。

《集团化创新发展思考》，2010 年 1 月

数字出版不仅没有取代传统纸质出版，反而在很大程度上促进了传统纸质出版的发展，促进了传统纸质出版物检索的规范，降低了传统纸质出版物的排版印刷成本，提高了传统纸质出版的办公自动化。

《数字化条件下的中国出版》，2007 年 4 月

按需印刷虽然流程是数字化的，但是纸质的终端仍然获得消费者的青睐，只是整个过程和产品更加的个性化、互动化。

《大步迈进出版业的明天》，2010 年 8 月

纸质书会不会被数字书取代或者它们将各占多少，不是简单一句话的问题。因为数字书很便捷，纸质书也有很多好处，它们谁都代替不了谁，最大的可能是长期共存，此消彼长，彼消此长。

数字书也好，纸质书也好，出版从业人员只要坚持住两点就足够了：一是出版图书坚持内容为王，内容不好的坚决不出；二是

一定不要漠视或放弃数字技术，传统出版业要借鉴数字化出版，这样才能形成更多的渠道，以更好的手段来传播文化，不要画地为牢。

《请记住我们的"读者大会"》，2011 年 5 月

在数字出版领域，单纯地讲竞争或合作，都不是一个理想的境界，竞合成为一种必然的选择。

数字出版的一个重要现象是全媒体出版。网络运营商、技术提供商和硬件制造商很认真地在和传统出版机构进行全媒体合作。

网络运营商、技术提供商和硬件制造商越来越强烈地要求出版社、作者把新作品数字版权授予他们。数字出版最终还是走到内容出版的轨道上来了，这是必由之路。

传统出版人不可能一直拥内容自重下去。老是自以为是，不是一种实事求是和与时俱进的态度。我们在认真做好图书的同时，必须认真对待面临的数字出版问题。

数字出版发展的迅猛态势由不得我们不去面对，这是一个"生存还是死亡"的问题。如此一来，当内容提供商和网络运营商、技术提供商和硬件制造商都开始认真面对和思考数字出版之时，就是数字出版竞合开始之日。

《寻找网络出版的赢利模式》，2011 年 1 月

在高度重视内容生产的同时，出版产业要切实重视数字出版这一新兴业态，着力形成传输便捷、覆盖广泛的出版传播体系。

要建立全媒体出版的概念，增强内容的传播能力，从而形成一种内容、多次传播的集约效应与合作的格局。

《"十二五"，努力加快产业发展方式转变》，2011 年 2 月

在数字出版方面，要形成合理的盈利模式，进一步做好已有资源的数字开发，拓展数字出版物市场，建立与技术商、渠道商、硬件商有利有效的合作。

《在中国出版集团公司全面加强经营管理》，2011 年 2 月

传统出版与数字出版的界线会日益模糊，并趋于融合，跨媒体出版将成为趋势。

《数字化条件下的中国出版》，2007 年 4 月

传统出版业应当坚定地进入数字出版业，探索实现有效发展的路径，才可能在数字化和全球化的浪潮中发展壮大。

出版机构作为内容提供商只有在合理利益得到保证之后，才可能全面参与到数字出版中来发挥主体作用，而只有内容提供商在数字出版产业链中发挥主体作用，才能确认数字出版产业链基本

形成。

《数字时代：国际出版发展的新路径》，2010 年 8 月

数字出版还远远不够成熟，真正的数字出版业态的建立，不但需要数字出版商们的全力投入和大胆实践，还需要传统出版业的积极进入与大力推动。

传统出版单位应该成为数字出版产业的主体，技术提供商只是产业链中的重要组成部分，这个问题一天不能解决，我们就要说，这个产业就还没有成熟起来。

《数字出版：距离成熟还有长路要走》，2009 年 1 月

出版产业是内容产业，谁对内容资源拥有更强的整合与拓展能力，谁能提供更好更高更专业的个性化服务，谁才能拥有产业真正的核心竞争力，而技术只能是产业链中重要的不可或缺的组成部分。

传统的主流出版机构一直是内容提供商，往往具有深刻的出版价值追求、深厚的出版资源积累、成熟的编辑出版经验、可靠的出版品牌和雄厚的人才队伍，理应成为数字出版的主体。

数字出版的真正发展成熟，还有待于一定数量的传统主流出版机构成为这个新兴业态的主力军。

《中国数字出版的现状与发展机遇》，2012 年 7 月

在数字化、网络化出版方面，传统出版业面临着跨越发展的要求，需要更多的合作，更多超前的设计，实现传统出版业与数字化、网络化的结合。

《呼唤中国数字出版网》，2008 年 3 月

网络出版、数字化出版，没有中国传统出版业的进入，始终是一个跛脚，而传统出版业没有数字化和网络化的出版，同样也是跛脚。只有两只健康的脚真正合并起来，才能使网络出版、数字出版进入新兴的技术行业的合作和创新。

《文化软实力与出版创新》，2007 年 11 月

出版业既要坚持做好传统出版业务，又要抓技术进步，运用新技术，占领新阵地，培育新业态，大力推进传统出版向数字出版转型，努力打造主流媒体在多元传播格局中的强势地位。

数字出版与传统出版不能截然分开。数字出版包括传统出版业数字化的全部过程和结果，同时也包括新兴的数字媒体。

无论传统出版业的数字化还是新兴的数字媒体产业，两者已开始出现互相渗透、互相融合的趋势。数字出版的总量将会继续大幅度扩张，而传统出版企业的进入将使得未来的数字出版获得健康发展的保证。

《中国出版业：现状与趋势》，2009 年 4 月

技术提供商、渠道运营商和硬件制造商大多是从产业链的后端进入数字出版领域，通常使用的是传统出版业所生产的内容产品，缺乏产业链前端对于内容生产、编辑加工的参与。这样形成的数字出版产业当然不是完整的。

由复制方把控数字出版渠道和终端，从而掌握议价能力，对于真正的内容生产方来说是一种打击，长久下去会造成出版内容的匮乏和内容质量的下降。只有当传统出版以出版主体的身份进入数字出版领域之后，数字出版才有可能真正成熟起来。

《大步迈进出版业的明天》，2010 年 8 月

出版中介的选择性、规范性是这个行业的真正价值所在，甚至可以这样来看出版行业在数字化时代的作为，那就是，越是在海量信息、海量发表的时代，就越需要出版行业独具慧眼的选择和权威性的规范和评介。

在市场经济条件下，无论是数字传播还是纸质传播，其本质上都应当是内容服务商。当内容消费者的需求发生变化时，内容服务商就要相应地提供所需服务。出版业应该从过去的内容提供商定位转变为内容服务商。

《我看当前数字出版热点》，2014 年 11 月

数字出版产业链各环节都在讲合作，但是又都担忧各自的利

益。传统出版者在死死看住版权，平台运营商想赢家通吃，整个市场还是对抗与错位的混战。对抗不可能长久，大家都要发展，内容与平台必将永远依存，竞合才是合理的出路。

《大佳网新闻发布会讲话稿》，2011 年 5 月

传统出版商绝不能株守内容为王而不思进取，内容为王也是动态的，内容为王更需要内容实现。网络时代对于出版物内容的需求已经发生很多变化，从一维平面阅读拓展至多维立体阅读，还特别讲求服务。因此，服务于数字阅读受众需要的内容才是为王的。

我们谋求建立一个新概念——数字出版专有出版权，简单说就是：如果谁要使用作品的网络传播权，也必须向编辑作品的出版商付费，在此基础上建立合理的利益分成机制，主要还是为体现出版的本质和价值。

《把主业强势做到极致》，2011 年 5 月

在媒介融合环境和背景之下，要构建一个完整的、健康的出版产业链，或者传媒产业链，没有任何一点或任何一方能够单独"为王"，在整个出版的过程当中，平台、载体、渠道和内容缺一不可，合作为王可能才是更加贴切的。

在竞争层面，传统出版商面临的最大问题就是在数字出版的整个产业链当中进入过晚，处于较为底层的位置，被迫地接受了一些

来自于技术拥有者、平台拥有者和硬件制造商的不公正条件。在这样的背景下，传统出版商如何发力数字出版成为业界都在思考的问题。

传统出版商部署建立自己的数字出版战略时，需尽可能地形成自身的聚合效应和马太效应，使得自身的传统优势能够在数字出版中发挥更大的作用，使得内容与出版环节得到更好的保护。

《2011，数字出版竞合元年》，2011 年 1 月

在数字出版领域，传统出版业主要做的一件事情，就是保护自己的版权，先把自己的资源很好地数字化，准备进入今后的竞争和发展。

网络运营商、技术提供商、硬件制造商直接做内容、直接进行数字出版，传统出版商去办网站、生产电子阅读器也并不是说不可以，但还可以有第三条路，那就是竞合，我们发挥内容优势，你们发挥技术优势，他们发挥硬件制造优势，共同创建数字出版良好的产业秩序和市场环境。

传统出版和数字出版开展竞合，最重要的问题是如何形成竞合方式、商业模式、赢利模式，这些对各自来说都是有疑问的。为什么出版社不肯积极合作？理由就是没有规则，又没有看得见的利益，安全感、实现感和利益感都不足。

无论是纸媒出版人，还是数字出版人，可以共同形成竞合的组织。在这个组织的框架下，在政府主管部门的指导下，共同研究如何保持竞争，形成合作，共同建设良好的行业秩序和市场秩序。

《寻找网络出版的赢利模式》，2011 年 1 月

传统出版单位，特别是传统出版强社，还不是数字出版的主体，数字出版行业的主体仍然是 IT 企业，这种情况很不利于我国数字出版健康良性的发展，也不利于出版产业的持续发展。

出版产业如果对数字出版业务保持敬而远之或者流于空谈的态度，将会在产业升级转型中面临极大威胁和壁垒限制。那样，传统出版业与数字出版将会渐行渐远，传统出版业就很有可能成为小众媒体，其所发挥的作用和功能也会逐渐被新媒体、新业态所取代。

《创新与发展》，2009 年 3 月

与出版史上的历次技术革新一样，数字技术的成熟以及随之出现的数字出版，必然会在短期内带给传统出版业阵痛，但也必然会在未来赋予出版业以全新的面貌和旺盛的生命力。

《中国数字出版的现状与发展机遇》，2012 年 7 月

传统出版机构在数字出版业务开展上的弱势地位有战略认识的

问题，有决策能力的问题，有投资能力的问题，还有版权掌控的问题。

《数字时代：国际出版发展的新路径》，2010 年 8 月

技术提供商已形成相对成熟的营销渠道，传统出版社要打造自己的数字营销渠道无异于虎口夺食：一是渠道建设从无到有，成本巨大；二是资源有限，产品有限，难以与技术提供商的海量数据相抗衡；三是由于数字平台不统一而被机构用户所拒，因为机构用户希望在原有系统中增加新产品而非安装新的数字系统。

技术壁垒对出版产业发展来说是暂时的，谁对内容资源拥有更强的整合与拓展能力，谁能提供更好更高更专业的个性化服务，谁才能拥有真正的核心竞争力，才能掌握市场，在权益的制衡中拥有主动地位。

传统出版业当然看得到数字出版的美好愿景，同时也能感受得到数字出版巨头的威胁，但传统出版业既囿于观念问题，也限于实力问题，单一出版企业难以开展规模化的数字出版业务。

国内的出版集团可以联合起来，通过共建共赢的模式，更深入、更广泛、更长期地介入数字出版业务领域，更好地发挥传统出版企业的主体作用，实现跨地区、跨媒体、跨系统的数字出版合作和资本合作。

《数字出版：距离成熟还有长路要走》，2009 年 1 月

数字出版体现出内容集中度高、投资大、资金回收周期长等特点，一家一户传统的出版社的资本积累很难独立完成多种产品的可持续生产、研发和市场拓展，只有尽可能地集中资源和资金，增强可持续性，才能适应数字出版的客观发展。

国际经验告诉我们，要通过四种方式为数字出版的盈利创造条件：一是与技术公司合作建立强大的数字出版平台；二是采用灵活多样的数字出版模式；三是积极利用网络扩大销售渠道；四是充分利用国际数字出版资源进行合作。

国外传统的大型出版集团以其在内容方面的竞争优势，在数字化转型中依然占据核心主体地位，传统出版的内容优势成为其拓展数字出版业务的基石和核心竞争力。

为数众多的期刊和图书资源成为国外出版单位发展数字出版业务的一大优势，国外出版商利用资本方式较为容易地解决了资源来源与更新的问题，也较快地度过了产业发展的导入期。

国外开放的市场、较高的产业集中度有力地促进了国外数字出版产业的形成与发展，各出版机构通过实现内容公司与技术公司等产业链之间不同主体的整合，将内容与技术等各自的优势发挥到极致，从而实现了产业发展所需资源配置的最优。

面临数字时代的机遇和挑战，出版集团数字出版工作的总体战略规划是：以聚合数字资源为基础，以研发优质产品为载体，以建设强大平台为渠道，以创新经营模式为手段，实现集团数字出版的新突破，实现我国新型文化市场的大发展。

出版集团数字出版工作要以聚合数字资源为基础。优质的出版资源是集团的重要基础，集团不仅要进行集团内的出版资源数字化，更要联合其他出版单位，积极探索资源共享、合作的新模式，在资源建设方面达到标准统一，海量应用，多元复用的目标。

出版集团数字出版工作要以研发优质产品为载体。数字出版产品是资源的载体，资源只有进行了产品化才能更好地对外使用，单纯靠卖内容资源的时代已经过去，内容资源需要包装，我们必须要通过研制新型数字出版产品才能取得更好的收益与效果。

出版集团数字出版工作要以建设强大平台为渠道。网络虚拟平台直接面向全国、全世界的终端用户，市场更看中的是界面的友好性、操作的便捷性和结算的准确性，我们必须充分重视平台建设，充分规划好平台的建设架构、方法和管理模式。

出版集团数字出版工作要以创新经营模式为手段。数字出版的经营具有很强的信息化特点，精准的客户定位，营销数据的时时掌握，用户的情感依赖等，我们要充分挖掘这方面的潜力和深度，跳出传统出版的思维模式，勇于尝试新型营销方法。

出版集团的数字出版战略要分三步走：第一步，汇聚资源、搭建平台，尝试新媒体出版。第二步，挖掘集团出版资源，打造全媒体数字产品。第三步，联合全国数字出版合作者，集结出版效应。

出版集团要坚定不移地开展数字出版资源的集中管理。做好出版电子文档的收集整理工作，指定科学合理的经营管理办法，实现数字出版资源统一管理、集中加工、统一运营，为推进数字出版集约化经营打下良好的基础。

出版集团应针对新媒体形态，挖掘集团已有资源，选择适用内容，创造数字产品；借助平台网络原创，探索新出版模式，打造全媒体数字产品。

出版集团应利用多种联合合作方式，联合行业内、产业链合作者、相关专业网站与平台，与全国出版集团、电信移动运营商、终端产品生产商和技术提供商广泛合作，吸纳社会资金，完成数字平台建设，集结出版效应。

出版集团只有在"共建、共享、共赢"的原则下，进一步加强数字出版工作的统一规划、管理和协调，充分利用集团的政策优势和资金优势，整合集团分散在各成员单位的数字出版资源，才能建构资源共享、优势互补、技术协作、共同发展的新模式。

出版集团开展数字出版工作时，必须坚持集约化经营为主，各单位分散经营为辅的经营模式，集团公司各单位的资源要充分整合，包括集团网站和硬件在内的信息化建设要统筹考虑，搭建一个统一的平台和后台，避免各自为战和重复投入。

各出版单位在与作者签订著作权合同的同时，要签订信息网络传播权，以保障版权的完整性，便于数字出版的开展。对于未获得网络传播权的回溯出版资源，出版社应当及时调整合同内容，增加相应条款，补签相关合同，以获取信息网络传播权。

出版社应通过著作权集体管理组织管理版权。在著作权人个人无力维权的情况下，可以通过著作权集体管理组织，如文著协、音著协等进行操作和管理，获得相应作品授权。选择集体管理组织无疑更能壮大维权队伍，更为有效地保护版权资源。

出版社应做好防盗版工作，从信息源头就做好版权保护。从内容提供商方面来讲，首先要求正版的内容要有较强的竞争性，能够更多地为用户提供各种服务。在数字出版产业链中，出版企业应力争掌控数字出版的主导权，减少盗版介入的空间。

数字出版有其自身的独特规律。传统出版单位如果想在数字出版领域与技术提供商同台竞技的话，就必须采取不同于传统出版管理体制的新机制、新策略，就必须建立一种有利于创新、创造、创业的体制和管理机制。

出版集团要积极与行业内各出版单位合作，以资本为纽带，以资源为核心，联合全国出版发行集团，聚合全国的出版资源，逐步形成拥有先进技术标准和完善数字化出版方案的，面向全国出版行业、出版从业者以及全国广大读者服务的出版产业平台。

出版集团要积极与电信等渠道运营商合作，不能仅仅被动的作为内容提供商向电信运营商提供数字内容以换得部分收入，而是要积极地走出去，大胆地提要求，主动地参与市场运营，充分地挖掘合作方的各种可合作资源，形成产品矩阵，从而在产业链中掌握主动。

出版集团要积极与技术提供商合作，不仅仅停留在简单的软、硬件采购上，而是通过深入的合作，将由终端采购合作延伸至整个内容平台技术的合作。

出版集团要积极与其他内容平台运营商合作，立足主导运营、优势互补、经验借鉴、资源共享的共赢思路，既不必将民营平台视为救世主，囫囵拿来，也不必将其当做洪水猛兽，避之不及，而是应有利有节，用其所用，本着平台共存、互联互通、分布管理、渠道相融的合作方针，共同打造和培育我国数字出版市场。

《实现中国出版集团公司数字出版工作的新突破》，2010 年 5 月

我们在为数字出版的某些奇迹惊呼与赞叹的同时，决不能就此满足从而停止探讨的步伐。一部科技发展史告诉我们，质疑与不满，进而推动不断的探讨，乃是人类科技进步的内在逻辑。

我们要使得数字化出版顺之者比较昌，就得以必不可少的忧患意识来清醒认识数字出版中存在的种种问题，以实事求是的态度来解决数字出版目前尚存在的不足和缺陷。

《出版转型与阅读文化重建》，2013 年 1 月

版权保护问题是制约出版社进入数字化领域的障碍之一。图书数字化以后，盗版极其容易，复制件与原件一模一样，而且复制几乎没有什么成本，这就使得网络出版的版权控制更加困难。

很多出版社不愿意让自己出版社的书数字化，最主要的原因就是对书稿数字化中盗版问题的恐惧。版权的法律保护问题解决不好，即使有再便宜的设备，再多的读者，出版社对电子书也只能是敬而远之。

《数字化条件下的中国出版》，2007 年 4 月

我国数字出版产业链的各个环节发展很不平衡。上游的内容缺乏，没有形成规模化的数字内容的制作能力；下游的分销领域渠道单一，针对机构用户的销售甚至存在恶性竞争，而有些渠道又"人丁稀少"。甚至可以说，数字出版尽管呼声一片，表面繁华，实际扑朔迷离，雾里看花。

数字出版的版权涉及作者的著作权和出版社的版式设计权以及邻接权等，涉及到对出版者和作者双方的权益保护问题，这是数字出版合法顺利进行的前提条件。

数字技术提供商一家通吃的情形并不合理。传统出版社将所拥有的版权内容提供给数字出版者，然而所得甚少，更有甚者，有的出版社还窃喜，以为自己遭遇了一次不劳而获。这种价值链主体环节的无知，只能说明这个产业还不成熟。

技术提供商往往非法使用出版社内容资源。无论出版社是否拥有其出版图书的信息网络传播权，它都拥有作品的版式设计权、装帧设计权等权利，一些技术提供商非法扫描、复制、发行原版原式数字作品，很大程度上侵害了出版单位的利益。

出版社与技术商的资源合作存在潜在风险。技术提供商一旦以其先进技术分解作品原有版式，重新设计加工原有作品内容，这样其完全可以越过出版社与作者双方，而摇身一变成为全新的著作权人。这不仅会侵犯原有著作权人的利益，而且会对出版社的资源优势产生巨大挑战。

在市场经济体制下和法治社会里，版权制度的发展滞后，将会从根源上遏制产业的健康发展。因而，健全我国的著作权集体管理体制、畅通版权授权途径、保护著作权人权益才能推动整个数字出版产业的又好又快发展。

标准化问题是产业成熟的重要标志。综观数字出版技术的各个环节，元数据需要标准，编码需要标准，作品格式也需要标准，标准的缺失使得数字出版业战乱纷争，阻碍了数字出版的发展。

数字出版平台不统一是数字出版产业之痛。由于数字出版服务业并没有形成统一的联盟平台或者有效的异构系统整合，也就造成了数字出版商之间不能互通，从而形成信息资源的荒置和浪费，这与跨媒体出版所提倡的"一次制作，多元应用"理念背道而驰。

在数字出版领域，格式的不统一成为行业之痛。这种局面导致用户必须使用不同的阅读器，增加了用户阅读的成本，也可能在无形中造成数字图书的用户不断流失。

数字出版格式不统一，既不方便，同时也造成了资源浪费。这就需要借助于传统出版业的经验，来建立一套行业标准，既有利于受众的阅读和使用，又有利于纸质图书的电子化。

数字出版产业要形成新型品牌影响，或者共赢，或者从头来过。无论是哪一条路径，实际上都是重新打造。打造的路径是整合特色资源，形成系列化、规模化、品牌化。

互联网用户的免费使用习惯对数字产品消费形成了一定冲击。人们吃惯了免费大餐，对网络的收费服务很难接受，而数字出版产业不解决好服务的收费问题，就无法健康化、规模化发展。

《数字出版：距离成熟还有长路要走》，2009 年 1 月

在数字化时代，我们不可能用有限的时间在海量信息里找到自己最需要读的作品，这时候我们需要中介，需要媒介，中介媒介就是编辑出版人，他替我们选择，以自己的文化责任、经济责任、信誉责任给我们推荐，这就是我们现代出版理念应该坚守下去，而且必然要保持下去的原则和理由。

出版必然有相对的传播责任和科学合理的规范。我们的民族文

化、国家文化、社会文化乃至人类的文明，也需要在不断的自由创新和不断的自我规范过程中向前发展，传统出版理念，传统出版人的行为应该受到尊重和在数字出版当中发挥很好的作用。

《寻找网络出版的赢利模式》，2011 年 1 月

出版不是简单的复制和印刷，而是应该由出版主体选择合适的内容进行编辑、加工和制作，通过一定的载体和方式进行传播，并且获得社会与经济效益的全过程。数字出版也同样适用于这样一个定义和流程。

数字化使得出版的内涵和外延都得到了扩张，也改变了出版的形态，但是数字出版仍然需要编辑流程和编辑人才的存在。编辑体现一种社会和专业的必要传播规范。

《大步迈进出版业的明天》，2010 年 8 月

当人们欢呼网络出版奇迹的时候，我们要理性地认识到，网络出版作为一种新兴的出版文化现象，完全可能导致一种文化挑战。

网络出版对于社会秩序形成挑战。社会秩序、伦理道德维护是人类对于生存和安全的自我保护。而网络出版对于著作权和人身权利的保护尚未获得有效手段。任何一个人在赞赏网络自由的同时，事实上自己的自由已经在受到威胁。

网络出版对于人性价值形成挑战。由于社会秩序、伦理道德在网络出版过程中被弱化甚至破坏，出版物原本具有的庄严、崇高的精神意义大大弱化，情感教育和思想引导被明显淡化。

网络出版导致信息泛滥。网络出版中涌现的大量有害信息、虚假信息、多余信息，增加了人们利用信息的困难，"信息污染"已经成为世界性的难题。

人是文化的人，而绝不是技术的人，"网络崇拜"实在是人的异化。而那种听任网络构筑"虚拟社区"，拥有网民的"第二生存空间"的盲目"网络崇拜"，乃是人类的文化自杀行为。人类必须实行自我拯救，这绝不是危言耸听。

《从挑战走向联姻》，2000 年 4 月

数字出版特别需要更多的复合型人才。所谓复合型人才，就是既掌握出版产业规律，精通出版物的内容，又熟识数字出版特性，还能操作数字出版经营管理的领军人才。

出版业特别需要数字出版的编辑人才，包括数字策划编辑、内容编辑、格式编辑、网络运营编辑等，这些人才不仅要懂得运用数字化出版编辑技术，还要熟悉内容及资讯的选择和处理，更要具备良好的专业素养和职业道德。

《中国数字出版的现状与发展机遇》，2012 年 7 月

数字出版人才匮乏问题不是一朝一夕能够解决的。在一个产业的人才队伍还没有健全壮大起来之前，不能轻言这个产业已经是一个成熟的产业。也许，这正是传统出版业与数字出版最大的距离所在。

《数字出版：距离成熟还有长路要走》，2009 年 1 月

▶▶▶ **6**

国 际 视 野

GUOJI SHIYE

"引进来"、"走出去"是我国改革开放的基本战略。

《中国出版业：现状与趋势》，2009 年 4 月

我们欢迎"引进来"，同时要加大力度"走出去"，形成中华民族文化建设健康开放的状态。中华民族的振兴将与"引进来、走出去"永远联系在一起。

《关于出版业提高国际传播能力的思考》，2008 年 12 月

中国出版走向世界，其核心是中华民族文化走向世界。

"走出去"其实是中华民族的一种文化自觉。文化自觉表现为中华文化对自身主体性的认识、把握和实践的展开。

国际上有不正确的认识，认为我们的"走出去"是在进行文化扩张。事实上"引进来"和"走出去"都是我们的战略，是文化自觉的需要。

要完成文化自觉和市场拓展，需要全球化思维。从理念上来说，应该有一种文化趋同和文化自主的有机结合。

文化趋同，指的是价值观、道德观、审美情趣、行为准则，世界各国文化在许多方面会逐步地有所趋同，这是良好交流和形成共识的结果，但这决不是抹杀文化的特质，所以我们还要强调文化自主，强调"和而不同"，这是文化身份的自我确认，不能没有。两者必须有机地结合起来。

《答十问》，2008 年 8 月

文化需要交流，这是世界优秀文化发展的必由之路。交流的一个重要目的就是发展自己，而决不是用别国别的民族的创造代替我们自己的创造。因而，文化交流要有一个正确的态度也是必须的。

《引进版图书的文化意义与市场价值》，2006 年 8 月

文化多样性和交流是保持文化可持续发展的充分条件。优秀的文化总能具有与其他文化交流的内在冲动，这种冲动就是"各美其美，美美与共"的"文化自觉"。

《中国出版业"走出去"：目的、路径与条件》，2010 年 8 月

文化"走出去"，要坚持国家利益至上的原则。

文化"走出去"是一个不间断的长期过程，必须做好长期发展的准备。

要增强文化软实力，必须提高国内国际传播能力。我们必须改变有善而不善传的被动局面，立足于解放和发展文化生产力，特别是要通过发展文化产业来增强文化软实力中的"硬实力"。

《文化建设访谈录》，2010 年 9 月

文化的交流和竞争无处不在，但文化产业的较量则只能遵循市场营销的法则相机行事，决不在朝朝暮暮，不囿于一城一池之得失，不争一日之短长，不可做非非之想。

《建构"国际版权营销"新概念》，2002 年 4 月

一个民族文化的健康发展，既要传承也要创新，而常常是需要保护的。

我们承认经济全球化是一个趋势，并不能顺着就承认文化全球化也是一个趋势，文化问题远比经济问题要复杂得多，而所谓文化全球化这个概念是大可置疑的。

作为产生于一定地域、种族、历史以及物质生产基础之上的文

化，其发展方向是否就是全球趋同，是否存在着某一天全球趋同为一种文化的可能性，要形成共识，恐怕遥遥无期。

在所谓文化全球化的共识形成之前，我们还得好好地发展和保护我们的中华民族文化。

加入 WTO 肯定于我们大有裨益，可是，市场竞争本质上是残酷的，市场竞争不相信童话。我们将长久地与狼共舞，直到把自己变成强健的狼，而在此之前，还有一些事，一些关于生存还是死亡的事，需要我们小心翼翼地去完成。

出版物既是文化的一部分，也是文化的一种极重要的载体，应当给我们的出版业以必要的保护。

《WTO：与狼共舞》，2000 年 1 月

文化市场的开放与保护应当引起我们高度的重视。开放也还必须是在保护文化多样性的原则下的开放，而保护则应当是在自身充分发展前提下的保护。我们应当保护的是文化的特性和环境，而不是保护愚昧和落后。

坚持主体论的拿来主义文化交流，应当是一个基本的态度。民族文化需要保护，民族文化特征必须保护，这是在经济全球化趋势之下，世界大多数国家的共识。

《引进版图书的文化意义与市场价值》，2006 年 8 月

当今世界，信息资源国际共享，已成潮流。既然共享，我们就应当把能够为我们所用的东西接受过来，发展出去，这也是开放进程中的中国图书市场和出版业最好的自我保护的措施。

《国际组稿》，1997 年 3 月

我国文化领域在"引进来"方面已经取得了突出成绩，而在中华文化"走出去"方面却做得还不尽如人意。这不利于国际文化交流，也不利于世界认识真实的中国。因而，我国出版业要加大"走出去"的步伐。

《中国出版业：现状与趋势》，2009 年 4 月

中国说了百余年的"拿来主义"，现在应该要说说"拿去主义"，我们要争取输出的版权量多些。要告诉我们的出版界、著作界以及作家朋友，什么样的作品才能满足国外的需求，这是我们的责任和义务。

"走出去"与"拿去主义"不是一个概念。"走出去"是国家战略，而"拿去主义"是一个行为过程的描述，是我们的实际操作措施；"拿去主义"强调的是我们的主动性，在使命、责任下的做法要求，是一个版权拥有者的国际投稿行为。

《我的版权思维》，2010 年 7 月

要加快出版"走出去"步伐，不能因为中国市场没有很好开发，"走出去"工作就可以懈怠，两者是并行不悖的。

《以更广阔的视野谋划未来》，2008 年 4 月

对中国出版而言，走出去是必须花精力要做的事情，然而这并不意味着放松国内市场。我们不会有那么简单，把大量的资源放在国际上去，国内市场就此无所作为。

《等待资本破局》，2009 年 4 月

"走出去"不能止于输出，不能只问耕耘不问收获，还要问"走出去"之后传播的实际效果。

《关于出版业提高国际传播能力的思考》，2008 年 12 月

衡量一个出版企业的国际化程度主要有三个标准：第一，在国际上有很强的投资能力，这是产业的标准；第二，相关产品在国际市场上有较大的市场占有率，这是市场的标准；第三，在国际上有很强文化影响力的明星产品，这是文化的标准。

《打造国际一流出版传媒企业》，2010 年 7 月

出版产业应该形成自主的评价体系，不能简单地用几个经济指标衡量。我们推进中国出版物的国际版权贸易，更要看质量而不仅

仅看数量，输出一本准确反映中国文化精神的好作品，要比输出一千本无用的书有价值得多。这里面，社会效益是排第一位的。

《提升文化软实力　中国出版"走出去"》，2007 年 10 月

"走出去"无疑十分重要。可更重要的是怎样才能"走出去"。一个有责任心、有自尊心的国际投稿者，不可能只问投稿不问收获，何况我们这些国际投稿者心之所系并非一己的虚荣，我们的责任、自尊和成功属于国家和民族。

《再谈国际投稿》，2002 年 4 月

出版国际化，是中国与世界的共同选择。然而，中国出版业接受来自国际的出版物和版权的数量一直远远高于输出到国际的出版物和版权数量，这与中国灿烂悠久的文化传统和大国地位很不相称。为此，我们应当重点讨论"走出去"问题。

中国出版"走出去"的必要条件是提高中国出版产业的整体实力。一个庞大而分散的产业，要壮大其整体实力，最重要的是产业组织创新、技术创新和人才创新。

中国出版"走出去"的重要条件是与国际上优秀的出版企业开展广泛的国际合作。各方要以良好的合作态度，以人类文化发展为重，以市场实现为要，以企业或项目合资、合作乃至委托等多种方式开展合作，努力实现双方的互利共赢。

中国出版产业要不断提高产业集中度，提高产业集中度是所有成熟产业的发展规律。中国出版业的集团化建设基本上是以行政手段组建而成，具有过度明显的地域行政的局限性，应当尽快走出这个阶段，进入到按照市场和产业的规律创新产业组织的阶段。

《中国出版业"走出去"：目的、路径与条件》，2010 年 8 月

打造国际一流的出版传媒企业，要走规模化发展之路、产品创新和传播手段创新之路、国际化发展之路。

《挺拔主业　内容为王》，2011 年 5 月

打造国际一流的出版传媒企业，坚持产品与传播创新是务本之路。内容产品的创新体现着出版产业的核心价值，传播手段创新体现着出版产业的经营能力和实现水平。

打造国际一流的出版传媒企业，实施国际化发展是通向未来之路。充分利用国内外两种资源、两个市场，拉动产业发展，是我国改革开放的一条成功经验。

全力打造国际一流的出版传媒企业，需实现"12345"的要求，即围绕改革创新做大做强内容产业一条主线，开拓国内、国际两个市场，形成出版产业与其他文化产业、产品经营与资产经营、国内经营与国际经营三个互动，进行跨地区、跨行业、跨媒体、跨国经营的四个跨越，实现五个突破——书报刊出版的规模化突破、数字

出版的商业化突破、重要经营的集约化突破、企业发展的多元化突破、支柱产业的结构性突破。

《全力打造国际一流的出版传媒企业》，2009 年 10 月

强化传播手段的创新是应对日趋激烈的市场竞争和新媒体挑战的重要举措。传播手段创新主要包括两个方面：一个是传统介质出版物的市场传播创新；再一个就是新技术传播手段创新。

对比国际出版集团，我们的出版企业有三点欠缺。一是企业规模小、运营效益差。二是赢利模式单一、收入结构不合理。三是融资渠道单一、市场化运作的程度较低。

《打造国际一流出版传媒企业》，2010 年 7 月

打造国际一流出版传媒企业，除了通过股改上市融资，实现低成本扩张，就是通过国有资产无偿划转以及联合重组等方式，进行优势文化资源和资本重组。这是增强产业集中度、培育大型骨干企业国际竞争力的有效方式。

《出版"走出去" 步伐再快些》，2009 年 3 月

文化"走出去"，主要是通过版权"走出去"、成品"走出去"和实体"走出去"这三条途径。其中：版权输出简便，但相对被动；成品输出见效较快，但受到语种局限；而在海外创办实体，实施本

土化战略，则既能贴近国际社会的实际和受众，又能为我所用，能有效进入国际主流市场。

《抓住新机遇　实现文化产业新突破》，2009 年 5 月

出版企业海外并购与海外建立机构，各有利弊。海外并购见效快，但风险大，并购后业务如何整合，企业文化磨合不易；海外建立机构从头新建，有一个成长阶段，国际化进程较慢。海外并购采取何种策略与经济实力、消化能力、定位选择、国情等均有关系。

输出中国版权，本土化战略是方向，体现着企业经营的自主能力。出版集团应进一步加大在海外投资的力度，特别是加大对品牌出版发行机构投资的力度，大力实施本土化战略。

企业的国际化发展首先就会遇上资本问题。资本是产业发展的必不可少的要素，要有多大的产业规模就要有多大的资本支持。无论上市融资还是吸引战略投资，中国出版产业都要不断提高资本运作能力。

《中国出版业"走出去"：目的、路径与条件》，2010 年 8 月

我们要充分利用自身优势资源，和国外著名出版商强强合作，通过成立合资出版公司、海外书店、独资公司等形式，直接进入海外主流渠道。最重要的是，要尽快在国际市场上创利造势，为增强中华文化的影响力建功立业。

《大步迈进出版业的明天》，2010 年 8 月

出版业要切实贯彻"走出去"的本土化战略。本土化不是一句空谈，而是要到境外创办企业实体，引进本土化的人、本土化的体制机制，更好地深化"走出去"战略。

《五年厉兵秣马　今朝再飞冲天》，2009 年 8 月

中国出版物要走向海外，需要我们的出版机构借鉴国外先进的经营理念，了解营销渠道，掌握"游戏规则"，建立符合国际出版物市场要求的营销机制。这些问题不仅仅是技术层面上的问题，更多的时候是体制、制度、环境以及文化等深层次的问题。

《文化交流与出版合作》，2000 年 12 月

"走出去"是很不容易的，我们对别国市场不太熟悉，对国外读者缺乏了解，缺乏应有的基础。另外，我们都是小批量资本，实力不够雄厚，体制、机制也都还有不适应的地方。所以，"走出去"既需要时间，也需要我们的运作。

《以更广阔的视野谋划未来》，2008 年 4 月

为了让产品更多更好地走出去，出版集团要整合各成员单位的出版资源，建设"外向型图书产品线"，增加外向型出版投入，实现产品出口和版权贸易的增长。

《大步迈进出版业的明天》，2010 年 8 月

要提高我国出版业的国际传播能力，涉及到从版权走出去发展到实体走出去，出版实体走出去就是选择一个更便利的途径来提高国际传播能力。

到国外创办实体，当然存在着一定的风险。凡投资就有风险，问题是要充分论证、精细化经营，需要境外机构的体制改革创新。

要实现国际传播，就要到国际市场上去，贴近那里的实际情况，感受那里的读者需求，了解那里的图书市场和出版状况，同时可以直接在那里操作出版市场的销售。

国际读者的某一种阅读兴趣的发现，并非易事，而要进行艰苦细致的调查分析、研究判断。

在我们输出版权的内容设计过程中，最大的问题还是没有按照市场规律和产业规律办事。内容产业还是要从内容说起，传播学的前提和核心问题是传播的内容设计，否则我们就会陷入无的放矢和强行推销的尴尬。

出版业的营销，应该是去满足读者的精神文化兴趣。可许多时候，在设计出版物内容时，我们对国际市场的需求不了解或了解甚少，因而通常是凭着想象去工作，想象到外国人对中国什么东西感兴趣，便去制作什么东西，其实未必。

在不太了解国际读者阅读兴趣的情况下，就在出版社里凭空设计制作，带到国际展会上去推销，往往事倍功半或无功而返。有些版权贸易即便成交，对方出版商后续传播遭遇困难，甚至做成蚀本买卖，也影响了此后双方的可持续合作。

许多出版社的版权输出运作，只是在集中力量打歼灭战。先是打内容歼灭战，凭着想象力打，空对空打，然后到展会上打交易歼灭战，凭着三寸不烂之舌打推销歼灭战。这样的版权输出营销处于非常态化，对内容的设计制作非常不利。

从出版规律和市场规律来看，一个编辑真要做外国人要看的书，那么，一年365天他应该有265天在国外，深入到当地读者社群中去。至少在文化交流上西强我弱的状况还没有得到根本改变之前，应当如此努力行事，方可能以弱博强，达到传播的目的。

我们把书稿投给国外出版机构，就像一个作者得知道这个出版机构是传播什么类型的图书一样，得知道他们希望看到什么样的书稿，甚至希望通过出版什么样的图书来赚钱。

我们把书稿投给国外出版机构，就要更多地考虑对方的出版文化、选题特点、目标市场。如果把一些并不符合那个出版机构专业的书稿、图书版权推荐给这些出版单位，就会很浪费时间和感情，效率往往比较低。

在国际合作的选题设计过程中，要设计目标合作者，最好的办法是从一开始就有一些选题设计，通过双方的商讨，形成一个合作的基础，通过选题合作的基础形成版权内容生产，这样的合作可能会事半功倍。

对于出版产业而言，图书选题的设计国际化水平不高，国际化的针对性不够，要形成国际目标市场的效益非常困难，也不符合市场的逻辑，不符合企业经营的逻辑。

在内容设计制作上，业内有一个普遍的想象，希望做出的好书既是中国的又是世界的，希望两全其美、一箭双雕、一鸡两吃、一石二鸟。一般来说，这样的希望并非全是非非之想，我们确实产生过这样的辉煌业绩，但那绝对是极少数。

在国际传播过程中，内容的误读现象经常出现，需要我们高度关注。许多产生于中国国情之下的中国出版物，中国受众可以凭借熟悉的价值观、语境去进行理解，可在跨文化交流中，某些内容在传播时就可能出现信息耗损和误导，有的误导还可能是致命的。

《关于出版业提高国际传播能力的思考》，2008 年 12 月

文化产业要增强国际市场竞争力，不能单靠主观宣传，主要在于文化和出版物本身产生了什么样的影响，其中有多少中国元素被人们记住，多少中国概念被人们讨论，必须形成影响力感召力才能实现软实力。

《中国出版产业成局之道》，2008 年 1 月

出版国际化的核心竞争力在内容。出版业最核心的价值永远指向内容，内容创新是出版业的铁律。

中国出版业"走出去"，最本质的是中华文化"走出去"，我们的出版物什么时候把中国故事在国际上讲好了，什么时候中国出版业就具有国际化水准了。

中国的古代文明和现代发展神话，已经具备了讲述奇妙故事的元素。所以，中国作家和出版人在内容创新上还有很多事情要做。

《中国出版业"走出去"：目的、路径与条件》，2010 年 8 月

我们不能不看到一个问题：在输出图书中，仍然是介绍中华传统文化的图书居多，中国文化在外国人的眼中仍以孔子、老子为代表，而反映当代中国生活、精神风貌的作品，那种在国际上有口皆碑、口口相传的书还不多，或者说还没有。

在国际出版舞台上，缺少当代中国标志性的图书，能拿来做"中国名片"的书还太少。这与中国世界经济强国的地位不相称，与中国五千年古老文明、悠久历史不相称，"出版大国"与"出版强国"还有实质的距离，中国文化真正"走出去"还任重道远。

在国际出版舞台上，为什么"中国名片"少之又少，为什么没有影响大的书？最重要的原因是创新不够，对创新的支持不够，出版人得到的鼓励也不够。我们要盯住"创新"不放松。

文化"走出去"就要创造出更多的"中国名片"。只有在国际上真正有了有若干"中国名片"的作品，中国才能说在文化上自立于世界文化之林。

实施"走出去"战略是出版人的使命和责任，要强调国际投稿的主体性、主动性、针对性，让更多更好的作品"走出去"。

《我的版权思维》，2010 年 7 月

文化走出去的目的就是要给中华民族在国际形象上增色添辉，现在大多数是有什么原料做什么饭菜，走出去的主体性没有得到彰显。

作为体现国家意志、民族利益的文化交流，我们应当认真拿捏一下，我们究竟拿些什么货色来给世界上的人们看，说：这就是古老中华，这就是当代中国。

在输出版权的长篇小说里，虽然不乏优秀作品，却也不乏杜撰民俗、虚张声势者和庸碌琐屑、卑微人生者，还有就是古老民族的现代悲剧、普通百姓的多舛命运、爱恨情仇的苦难人生，让人读了颇有不堪之感。

中华民族自来就有崇尚英雄主义的传统。英雄主义一直就是中华民族的脊梁，是中华民族的理想结晶。我们有理由希望有更多英雄主义作品走出去。

阻碍英雄主义作品走向国际市场的原因有三：首先是封闭的创作；其次是自卑的心态；再就是目的模糊。

要让中国式的英雄主义作品为别国受众理解并接受，需要从国际受众的感知能力出发去进行创作，需要贴近更为广大的国际受众，原样照搬往往走不出去。

《让英雄主义文化走出去》，2012 年 3 月

中国自是古老的，但中国事实上也很年轻，虽然在现代化进程中起步较晚，但进展迅速，改革开放以来日新月异，这个情况在我们的出版物上没有很好地介绍和体现。因此，要做的事情很多。

《书香人生》，2008 年 4 月

中华文化源远流长、博大精深，当代中国经济快速腾飞，然而，历史上精华与糟粕杂处，现实中成果与矛盾并存，我们究竟应该拿些什么内容到世界上去，让别国的受众来认识、理解、接受我们，这是一个很重要的问题。

文化产品里蕴含的文化因素、价值观念、审美趣味是文化软实力的核心内容。通常情形是，一部文学作品、一部电影、一台演出，足以引起世界范围的震动，一批优秀的文化产品，足以改变人们对一个国家、一个时代的印象。

《文化建设访谈录》，2010 年 9 月

文学走出去实际上是最重要的。相对来说，艺术给人的更多是印象的东西，文学则给出中国人的灵魂、中国人的精神世界，是在精神和心灵的层面去与西方文化碰撞交融。所以，文学走出去是我们文化软实力的一个非常重要而不可或缺的部分。

《中国出版产业成局之道》，2008 年 1 月

文学图书需要走出去，因为文学是一个民族的精神图景。

文化交流兴亡，文学图书有责！有识之士要有这样的文化责任感。

文学图书需要走出去，因为国际出版交流频繁，文学图书不能缺席——岂止是不能缺席，而是应当成为主打品种。

文学图书需要走出去，因为文学是人类沟通的桥梁。优秀的文学作品，不仅能成为一个社会、一种文化形象且可靠的注脚，更能揭示人类的共性，使得不同地域的人们互相理解、尊重与亲近，让重洋关山与文化阻隔的世界得以联结。

文学出版喜新而不厌旧，经典无疑永在。然而，新作送出，乃是文学的自觉，是一个创新型国家的重要文化标志。

应当承认，中国当代文学让域外人士记住的东西并不多，对此我们应该有所反省。不必简单地埋怨翻译障碍，有道是："好翻译

常有，而好作品不常有。"

中国的文学图书走出去，不能只依靠先秦诸子和唐诗宋词元曲明清小说，而是有待于更多植根当下中国生活土壤里的鲜活作品。自强不息的中国文学需要产生新的标志性作品，与时俱进的中国需要通过与时俱进的文学作品与当今世界进行对话。

物质产品全球化正在全面展开，多样性文化的接触面、摩擦面正在日益加大。在文化多样性的语境下，文学图书可以呈现"以文会友"的脉脉温情；而面对文化霸权的冲击，文学图书便应当显露"汉魏风骨"的雄健挺拔。

《文学图书：走出去的责任与自觉》，2006 年 8 月

我国出版业国际化进程需要克服诸多难题：第一个是选题的设计国际化水平不高，国际化的针对性不够，不太符合国际市场的逻辑，不太符合企业经营的逻辑；第二个是跨语种难题，翻译人才和翻译质量存在较大差距；第三个是代理商难题。

《中国出版业：现状与趋势》，2009 年 4 月

有了好的版权没有好的翻译，这个版权的输出会非常困难，甚至是适得其反，甚至是优质版权最后得不到成功。这也就是中国版权图书在欧美国家很难形成畅销书的一个很重要原因。

跨语种翻译的难题应该强烈地提出来。翻译人才太少了，文学翻译很难，而报酬又太低，这样的人才就越来越少，难度就更大了。作为长期的跨语种翻译出版业务，还是要从翻译工作的体制性安排和业务投资上去解决问题。

版权代理商有一个很重要的原则，就是让专业的人做专业的事情。

合格的中介代理商就是好书稿、好出版社和好译者的伯乐，千里马常有而伯乐不常有。中国出版业要提高国际传播能力，还是要更多地注意依靠中介代理商。

在国际传播过程中，代理商是一个绕不过去的难题。没有代理商我们缺少了与国外出版商联系的桥梁，没有代理商再好的翻译者也将擦肩而过，没有代理商也就没有人来用心发现中国的优质版权。

版权代理商在整个出版运作过程中不仅仅是介绍代理版权事务，很重要的是他要帮助出版商运作这个版权，同时还要帮助作者，版权输出者营销这个版权，甚至在图书整个经营过程当中发挥相当主导的作用。有代理商和没有代理商是很不一样的。

《关于出版业提高国际传播能力的思考》，2008 年 12 月

版权代理公司凭借多年建立起来的强大的业务关系网和选购版

权的判断能力，在网上建立版权信息库和版权交易平台，为出版人提供版权导购及谈判服务，提供关于版权的深度信息和广阔细致的背景材料，加快交易的可靠性和有效率，还可以通过特许代理经营控制一些出版社的版权贸易业务，凡此种种，是许多出版社尤其是许多中小出版社所需要的。

通过版权贸易进而与境外出版结构形成长期合作关系，这是许多出版社的一大胜算。

版权是资本，不仅需要维护，更需要经营。

出版社最重要最核心的竞争力就是获取版权、经营版权的能力。

《面向 21 世纪的版权贸易》，2001 年 8 月

在知识经济时代，出版机构营销的资源主要就是版权。出版活动的过程就是获得、创造和营销版权资源的过程；同时，包括国际版权营销在内的版权分销也是出版机构营销活动的重要组成部分。

《建构"国际版权营销"新概念》，2002 年 4 月

出版业本质上经营的就是版权，获得优秀图书的版权乃是一个出版社的核心工程。要想在这项工程中居于主动的地位，出版社必须努力提高自身的信息化程度。信息就是金钱，效率就是生命的道

理将在出版业得到不断的验证。

《创新才会赢》，2000 年 12 月

版权经营首先是扩大资本，即获取版权；然后是经营版权，即出版版权产品或版权贸易，同时争取获得版权更多的邻接权，进行版权多元开发；再就是维护版权，力保有效版权不流失。一种流失是著作权人终止授权，一种是第三人侵权。这是一个颇为严密的运作过程。

认识不到位，经营也就不到位。版权不仅是一种必须维护的权利，更是一种能够增值的资本，要像经营出版物那样，想方设法有效地去经营自己的版权。

出版社资本丰厚与否，不仅在于现金的多寡和不动产的价值高低，还在于拥有的有效版权的多少，特别是自主版权的多少。

倘若要评价一家出版社经营管理水准的高低，那么，考察它的版权经营管理的状况就能相当程度上得出结论。现金、实物谁都知道要严加管理，可是版权呢？随意抛掷的现象太常见了，所以这个管理是很见水准的。

版权的量化不同于其他资产，除了要对出版社拥有的独家版权数量，尤其是那些文化、学科价值比较高，经济效益比较好的优秀版权数量进行统计，最主要的是，要对版权的经营效益，特别是要对其持续产生的效益进行量化，要对同一品种的前后经营效益和同类型品种之间的经营效益进行比较和量化。

出版企业应当解决版权价值评估这个问题。出版社在做财务分析报告时，特别是在财务年度决算报告、法人代表任期审计报告中，一定要对版权经营管理状况进行分析和评估。

集约化地进行版权经营管理，肯定是一个方向。引进版权的战略合作可以由集团集约进行；版权输出则太需要集约开展了，否则谁也没有信心和那么大的成本投入；再就是维护权利，运用法律手段打击侵权盗版，也需要集团有一个机构来统一代理。

《中国版权：输出营销与资本经营》，2003 年 5 月

版权输出和版权引进，不要看成仅仅是一个版权交易，其实这跟一个编辑组稿和一个作者投稿的内涵差不多，可以说并无二致。

《关于出版业提高国际传播能力的思考》，2008 年 12 月

跨国引进图书版权，首先是一种文化交流，同时还是一种文化产品贸易。

出版活动的本质是选择，首先，最重要的是文化选择，然后才是营销意义上的选择。版权引进与出版社日常的组稿活动，从文化和营销的角度来看，其选择的本质没有太大的区别。所以，版权引进可称之为国际组稿、国际投稿。

引进图书版权，也是出版者选择内容的过程。世界各国图书如汪洋大海，选择的过程尤其艰难；由于文化和政治背景的差异，选择的过程尤其需要科学精神；由于市场的不同，选择的风险尤其突出。

在出版者选择引进版权的同时，我们也就处于被选择的过程。文化的选择不一定是认同，但需要基本的认可；细分受众的选择是营销成功的关键。

引进图书版权，我们首先要考虑到民族文化特性及其环境的必要保护，在此基础上才是积极的拿来主义，为我所用，为我所需，发展我们的文化，繁荣人类的文化。

我国的图书版权贸易，始终保持着一种开放和交流的态势，在保护民族文化传统、弘扬民族精神的前提下，学习和借鉴世界各国优秀文化，努力构筑一个创造性蓬勃发展与创新的文化环境，最终的目的还是发展我们的民族文化。

《引进版图书的文化意义与市场价值》，2006 年 8 月

西方出版发达国家有一个说法："走进别国作家书房，打开他们的抽屉，把他们的书稿拿到本国来出版。"这句话包含两层意思：一是主动出版，像"星探"、"球探"一样，要以尽可能快的速度知道哪个国家的哪一位作家正在写作怎样一部重要的书；二是以尽可能快的速度与该国的出版机构同步出版。即在母语国家出版的同时，迅速地引进到本国出版。

出版资源的开放是根本性的开放。我们的国际合作出版可以在原有版权贸易的基础上向国际组稿、国际投稿的操作拓展。

全球版权市场的开放应当是双向的开放。当中国出版人为引进外来优秀版权而兴高采烈的时候，我们已经面临着一个更为紧迫的任务，那就是：输出中国版权，向世界推介、传播中华文化的精华，为中华文化的创新和再生作出建设性的贡献。这是中国出版人的历史使命。

《文化交流与出版合作》，2000 年 12 月

任何时候，国内组稿都是我们工作的重点、基点。但是，在世界大潮流、大趋势之下，国际组稿应当提到我们出版业发展壮大的计划中来，这是断然不可忽视的大事。

为了最大限度地吸收、利用全人类的优秀文明成果，建设中华民族的精神文明和物质文明，我们应当去国际上组稿。

国际组稿实行的是拿来，国内组稿实行的则是自我发展，甚至是培育。

国内组稿大都为原生稿，尚未得到社会一定程度的认同，而国际组稿（专指版权引进）业已经过编辑出版，成熟程度自不待说，质量大体也在彼国彼地得到过社会一定程度的认同，效益也有别国市场实现程度可资借鉴。

国际组稿与国内组稿，一样需要策划者对书稿内容有透彻的了解，对书稿的思想价值和导向有辨析力，对书稿的写作质量有鉴别力，对书稿的市场效益有预测力，尤其需要独具慧眼，同时还要眼明手快、捷足先登。

我们的出版社从国外版权代理商及出版社那里获取版权的手段，主要是国际组稿而非国际投稿，这一方面是由于对方对我国情况知之甚少，另一方面则是因为我们的出版业在国际上的比较实力不强和知名度不够高。

引力之大小与物体的质量成正比。要吸引国际投稿，必须强化我们自身，壮大我们的实力。版权市场也有激烈的竞争，最后的竞争还是实力的竞争。

从整个出版行业来看，中国出版业对国际投稿的吸引力大小，在一定意义上也体现着中国出版业在国际上影响的强弱，标志着我们与国际出版业接轨进程的快慢。

版权引进工作是为出版业务确定方向、设定价值的基础性工作，它的性质更多地在于创意，因而与策划选题、组织书稿并无本质上的不同。因此，就业务性质和工作范围而言，我们可以称版权引进业务为国际组稿。

引进境外的作品，我们不能不遵守国家的法规，不能不顾及政治思想的导向，不能不顾及价值观念、文化背景的差异，不能不顾及受众的阅读兴趣和习惯，不能不顾及国内的市场效应。就此而言，自有它特别的难度，对于组稿者"高层的非程序化管理"的能力要求更高。

　　　　　　　　　　　　　　　　　《国际组稿》，1997 年 3 月

　　版权贸易绝不仅是一个企业自己的事情，不是输出一两件产品，换取多少外汇、赢得多少经济效益这么一点价值。这首先应该是一种文化责任，是国家全面协调、可持续发展的需要，是中华民族振兴的需要。

　　　《提升文化软实力　中国出版"走出去"》，2007 年 10 月

　　版权引进须坚持遵守一个原则：不能漫天给价。不能因为引进一本国际著名的版权，影响国家在版权贸易上应有的秩序和严肃做法，坚决不搞恶性竞争。

　　　　　　　　　　　　　　　　　《我的版权思维》，2010 年 7 月

　　一切成功的版权合作启示录：选择好书与选择合适的经营者。

　　版权引进，就是一种内容的经营。所谓国际版权引进，本质上就是获取域外著作在我国的出版经营权来开展出版经营。

　　版权经营要在黎明前启动。所谓黎明前，那就是，最迟是图书

出版之前，最早则可以在图书版权贸易还远在天边的时候，有远见的出版人就可以自觉扮演早行人的角色，打响黎明前的枪声，那是最清脆的枪声。未见其人，先闻其声，先声可以夺人。做好充分的舆论先导和市场准备，经营就从这里开始。再有，读者的从众心理，是阅读的主要驱动力，提前宣传可以引起受众的应激反应。

《版权合作：一种双向的选择》，2004 年 8 月

实现版权贸易的相对平衡是一个非常复杂的问题。企业、行业的有关体制，产业界创造性的发挥，政府的有关政策，这些只是解决问题的重要条件，但还不是问题的全部。著作权人的创造成果也是带根本性的因素，而这种创造有时候还具有很大的偶然性。

政策扶持与版权贸易、营销是不同的范畴，但它们不一定都是矛盾的。版权输出作为我国对外文化交流事业，目前尚不能完全放到国际版权市场上去竞争，还需要政府的政策支持。不过，政策只是对产业、贸易的扶持，而不是取代。二者应相辅相成。

版权输出事业真正要有大的发展，还有赖于我国出版机构努力开发优秀选题，创造出更多优秀版权，积极进行国际版权营销，通过产业化运作来拉动版权输出。

"版权贸易"与"国际版权营销"有所差异。前者是一个总的概念，后者是一个特指的概念；前者指所有的版权交易，后者特指在国际间营销版权的行为。"国际版权营销"强调一种观念、一种

方法，强调在"营销"观念指导下的版权贸易，强调"以销定产"，生产在国际版权市场上可以销售的版权。

营销观念无疑是属于市场经济的范畴，国际版权贸易就其运作的模式而言，当然属于市场行为，所以我们要建构"国际版权营销"概念。

国际版权营销，得看自己能做什么，再考虑卖给谁，要通过对自身版权资源状况的把握来确定自己的目标市场。

我们要把中国的版权卖到国际上去，就要研究国际版权市场状况，研究国际大环境对市场的影响，关注市场的需求趋势和潜在要求，判断我们的出版资源在国际市场上的优势和弱势。

我们的版权贸易，往往失之于空泛，或者常常是一个欧美市场障目，看不见其他大洲，也不再注意对目标市场的选择。有些版权是对准欧美国家市场的，有些则是对着其他国家的，适当地细分细作，就会做得主动一些，有控制力一些，效果也会好一些。

我们做生意，开拓精神还是不够。欧美市场开拓得不够，发展中国家市场开拓得更不够，甚至是一个盲区。出去推销版权，倘若不是去欧美就满腹狐疑。版权能卖给发展中国家不是也很好吗？无论怎么做，有效益就好。

《中国版权：输出营销与资本经营》，2003 年 5 月互联网已把版权贸易由传统的拍卖大会部分地演变为虚拟的网上电子盛会，跨国跨地区购买版权已经不只是版权部门才能做到的事情，一个编辑的随意点击就可能点出一部甚至多部佳作出来，国际组稿将成为足不出户，遍及全球，省钱便捷的事情。

网络技术为版权贸易带来了划时代的进步。就地域而言，本地与全球、分散与集中、固定与灵活有了便捷和交互的联系；就时间而言，同步与异步、明确与弹性、限时与不限时可以随心所欲；就版权操作的实务而言，顺序与平行、程式化与目标定向、稳定与动态均有了可参照性。我们应当充分利用网络技术的支持，促进版权贸易的繁荣。

《面向 21 世纪的版权贸易》，2001 年 8 月

我们非常希望能找到对国际市场有了解、又对中国文化有研究的人才，引进类似"中国通"这样的外籍人士，一起来经营中国的版权贸易对外输出。

《提升文化软实力　中国出版"走出去"》，2007 年 10 月

从长远来看，作为文化大国的版权输出，我们决不能放弃欧美市场，正如人家始终不肯放弃我们一样。

目标市场因出版机构而异。对我国大多数出版机构来说，主要的版权目标市场应当是亚洲的汉文化圈国家和地区，其次则是广大

亚太地区以及欧美国家中正日益发展的华人社区，再者则可以考虑向广大发展中国家和地区开展科技医学普及类版权营销，而向欧美国家可以加大销售艺术类、传统文化类以及一些长篇小说和纪实文学版权的力度，篇幅不太大的长篇小说和纪实性作品的版权应当说也是合适的。

进行"国际版权营销"，我们必须在坚持中国出版业主体意识的前提之下，根据对目标市场状况的研究和判断，做好可用于国际版权贸易的产品设计、促销方式等生产经营的决策和实施。

进行"国际版权营销"，我们必须组织起营销的专业化人才队伍，从版权产品的设计到制作，以及促销宣传、交易实务，都应当有他们的智慧融入其中。

进行"国际版权营销"，我们必须建立起出版机构内部的国际版权营销管理体系，从数据库的建立到决策程序的设置，从岗位职责预设到奖惩办法的制定，形成良性经营的保障系统。

《建构"国际版权营销"新概念》，2002 年 4 月

版权输出需要营销，要根据顾客的需求，市场的需要来制定选题。我们在设计"走出去"选题的时候，尽量考虑和国内市场产生互动，但主要还是以国际市场为目标市场。

我们的版权经营要以国内市场和国际市场的互动来安排，这个

互动一定意义上是为了降低成本，达到双赢。但国内市场和国际市场的差距很大，完全结合起来会有很多困难，什么事情都想一举两得是不现实的。

《答十问》，2008 年 8 月

在内容为王、渠道为王、服务为王之外，版权贸易也需要便利。所以我们要尽可能地使用各种办法让各国的出版业同行便利地了解中国的版权和图书，便利地跟我们形成合作。

《关于出版业提高国际传播能力的思考》，2008 年 12 月

输出中国版权，组织和参加国际书展是有效途径。可以通过国际书展，利用中国主宾国、北京国际图书博览会等国际平台展示中国出版和中国文化，有效输出版权。

未来的国际出版合作必定要搭上数字之车。数字化出版是一个明显的趋势，大势面前，顺之者未必昌，可逆之者必定亡，中国出版产业必须不断提高数字化出版水平。

数字出版"走出去"需建立外向型经营网站，开发搭载中国内容跨语种的电子阅读器，形成适应"走出去"的整个生产营销体系。

《中国出版业"走出去"：目的、路径与条件》，2010 年 8 月

7

人 力 资 源
RENLI ZIYUAN

.

人力资源是出版产业的第一资源。

《出版人才的需求与培养》，2005年7月

人才是出版社的主要资本。

一个出版社在策划、组稿、编辑、制作、营销、管理各种岗位上没有一批杰出的人才，这个出版社能够长期杰出、经久不衰，那是不可思议的。

我总愿意为出版社拥有知名的作家、翻译家、理论家、学者、编辑家而欢欣鼓舞。只要管理得当，他们的能力越强，出版社的实力则越壮大，他们的知名度越高，出版社的号召力就越强，由此而产生的效益将不可估量。

《出版社里说资本》，1998年9月

社以人名，人以社名，人社同辉，品牌乃成。

《纪念创业者钱君匋》，2007 年 10 月

出版产业最普遍、最核心、最生动且影响最久远的总是出版物和从事出版物生产经营的编辑和出版人。

《〈黄金时代〉序言》，2010 年 7 月

内容产业就是要靠人来把握和经营。有了人，才会有创意，才会有奇思妙想，才会有内容和内容深广的开发。在出版专业里，出版专业的人才总是第一位的。

《出版产业发展趋势初探》，2003 年 1 月

以人为本是管理现代社会的普遍规律和应有的境界，一个企业在拥有必备资本之后，人，有专业能力的人，就是最重要的条件了。

出版机构最重要的是合适的选题和书稿，也就是我们通常所说的精神产品，需要人来理解、判断和决策，需要人来编辑、设计、制作和营销，没有比人更可宝贵的了。

《漫议新时期出版人》，2003 年 4 月

作为内容产业的出版业，产业的核心部分是内容，这内容主要依靠作者创造、编辑选择与再创造完成。至少在看得见的未来，还没有任何智能化设备能够替代人在内容创造上的作用。

决定企业成功的因素有很多，但有五个是最重要的：一是投资，二是人才，三是战略，四是经营模式，五是核心竞争力。这五个要素，缺了任何一点企业都不好办。但不能因此就说这五个要素对所有企业都同等重要，出版企业对人才的依赖性是最大的。

一桌一椅一尺一笔，是传统编辑的主要生产设备；一桌一椅一尺一笔加上一台电脑，则是今天编辑的主要生产设备。物质设备的依赖性越低，人的价值就越发得到显现，这是一个悖反规律。

出版产业产品的差异性如此之大，编辑的差异性如此之大，生产经营内涵的差异性显而易见。"人力资源是第一资源"的理念应当被强调并实实在在付诸实践，而绝不可以成为某些社长的空话。

《现代出版产业人才的需求与培养》，2005 年 5 月

出版产业呼唤出版人。出版产业、出版事业的发展，在政策决定以后，人才就是决定因素；在人才队伍建设中，出版人又是决定因素。

出版人可以是一个职业概念，也可以是一个人的活动所取得的成就的称谓。作为职业概念，应该是出版机构各个层次的领军

人物：社长、总编辑、副社长、副总编辑、部门主任或者项目负责人，主要是指出版机构的经营领导人，也可以是一个重要出版项目的负责人。

"书业无限，各有所长。"从出版人能力看，大体可以分为四种类型：第一种是管理型出版人；第二种是经营型出版人；第三种是学者型出版人；第四种是全能型出版人。

管理型出版人不一定操盘，但是他很善于使用人才，使得一些人才能够很好地在机构里发挥作用。

经营性出版人是能够直接操盘，能够把一些图书经营得活灵活现，对整个行业产生很大影响的人。

学者型出版人主要在内容方面很有把握能力，甚至很有专业研究造诣，同时也是能够操作这些内容的出版和营销工作的。

全能型出版人不仅在内容方面是一个专家，同时在出版方面也是很强的操盘手，在管理上也能调动各方面的人才，业内不少出版人在朝着这方面发展，这是一个趋势和核心要求。

术业有专攻，出版需复合。现代出版人应当是复合型人才，而不是单一的过于专业的人才。不管是管理型、经营型的，还是学者型、全能型的，总是需要能力有所复合，需要得心应手。

现代出版人区别于传统出版人，主要指在市场经济条件下，从事出版产业的出版经营和管理的各级负责人。一个编辑家也可以称为出版人，但编辑家主要是编辑方面的专家，而出版人是从事操作包括编辑工作在内的出版实务的领衔人物。

内容、市场、财务、广告、网络技术、编辑实务、领导能力，都是现代出版人应当具备的才能。

现代出版人要对自己所管理的出版社，对自己所负责的出版项目有一个正确方向的把握。大到国家的出版方向和导向，具体到出版社的发展方向，再具体到一套书的努力方向，出版人都要善于把握。

现代出版人要"得心"，所谓"得心"，就是把握正确的出版方向，确定正确的经营目标，做正确的事。

"书业无限，各有所得。"所谓各有所得就是各有所好，各有所追求。不能用一种标准来衡量一位出版人成功与否。

显赫于一时，是一个成功出版人值得骄傲一辈子的事情，但同时也可以有一种出版人，不温不火地做下去，立足于长远，做了十年二十年之后，积累了很多很好的书，同时也能让出版社比较正常地运转，资金情况良性，这也是很好的。

过于迷信市场乃至崇拜市场，会造成对出版人的评价不公，对一些立足于长远发展的出版人有时评价不够到位。当然最好是两个效益的有机统一，功在当代，利在千秋，这是一种理想境界。

现代出版人的成长，既要"得心为上"，也要"应手为强"。首先，我们的精神境界、事业追求、思维方式应该是为上的；同时，出版人必须善于操作。考量两个效益必须通过实际操作的结果来考量，不在操作中成功，就在操作中失败，除此别无出路。

"书业无限，人才各异"，因为"书业无限，内涵不同"。由于出版内涵的不同，造成人才需要的不同。三种不同的出版就有三种不同的人才要求，从事大众出版的出版人和从事专业出版、教育出版的出版人，要求是不一样的。

大众出版往往要求原创加上营销。这类出版人必须很善于把握这两件事情。

专业出版的要点是持续的改进加上适用。这类出版人对于专业图书要有持续改进的能力，那就是对信息把握的能力、对学科掌握的能力以及改进的办法、改进的态度；还要适用于专业的需要。

教育出版最重要的是适用加服务，对服务的要求尤其突出。这类出版人必须服务于教学，服务于教育机构，服务于受教育者，服务于从事教育工作的一些人士。

对于内容的操作应该是出版人第一位的能力。好社长对内容应当有把握能力，说透了，在编辑们意见分歧甚至严重对立时，他要有正确的处理能力，要有决断力，甚至他还要有化险为夷的能力，有点铁成金的能力。

现代出版人对好书要有慧眼，对图书的经营效益要会预测，要善于把握、确定正确的经营目标。

现代出版人要善于确定重点项目。出版人就是要一门心思确定重点项目，不然的话，出版社社长、总编辑累坏了，一年到头也没有多少本好书。或者好书很多，但效益平平，没有得到充分的开发和利用，没有使它发挥最大的社会效益和经济效益。

确定重点项目是出版人应该具备的一种重要能力，这种能力也是一种判断，这种判断是"得心"，得于自己的一心，存乎自己的一心，这是出版人非常重要的一种才能。

现代出版人要善于优化结构。必须善于优化出版社的品种结构，善于有所舍弃，有所照顾，有所张扬，有重点地突破。这些品种能够结构起来，做成全年或几年经营的盘子，这样才能实现全面协调可持续的发展。

现代出版人要善于优化结构。既然说结构，也就意味着不全都是重点，有主有次才对。有些是重点突破的品种，要下大力气抓好；有些是扩大市场覆盖面的品种，同样要给予安排；有些是常销书，做长线产品，值得仔细去做；有些是赔钱买卖，但能赚来名声，扩大社会影响力，只要赔得起，也是要做的。

现代出版人要"应手"。顾名思义，就是善于操作。第一个操作是对于内容的操作。第二个操作是制作。第三个操作是营销。最后一个操作是内容的再度创造，内容的再度传递，内容的再度扩张。

对于图书编辑、加工、校对、选材、订制、设计等制作过程，出版人要有主意，必要时能说得出明确的要求来。出版人对制作要给予充分的重视，它是营销的一个重要环节。如果是重点项目，社长甚至可以直接指挥。

出版人要高度重视营销，但出版社对营销有一个倾向不好，以为只要营销做得好，就能把书卖好，把营销强调到了不恰当的地步，不管内容优劣，一概可着嗓子大喊大叫宣传，这是营销盲目崇拜症。

通常情况是，我们的书出版以后，营销做得不错，于是事情差不多也就结束了，而这个时候，一个成熟的现代出版人应该对自己的内容进行深度的开发和再度的创造。这是正确做事的一个很重要的要求。

企业价值链管理有三个要素：企业核心竞争力、企业组织建设、企业运作流程。围绕三个要素，出版企业需要各种人才，首先是内容制造（包括版权交易）策划人和项目组织者；接着便是内容加工者和产品形态整体设计者；最后是出版产品营销经理和他的营销团队。

传统出版的产业链是编（编辑）、印（印刷）、发（发行）、科（科研）、供（供应）、贸（版权贸易），现代出版的产业链是在此基础上，一些新型业态进入或分解一些传统的产业节点，自然需要一批能适应现代出版产业各个环节要求的新型人才。

出版市场的信息情报人员应当自始至终存在，无所不在地活动着，他们搜集和加工过的信息，为内容制造（包括版权交易）的策划人和项目的组织者提供发动又一轮进攻的动力和依据。

现代出版人要认真培养自己的精神境界。出版人的精神境界首先来自于对出版业比较深层次的认识，这种认识主要是对出版业文化内涵的认识，那就是科学精神、文化精神、民族精神、创新精神、服务精神、职业精神等。

出版人成长需要特别强调五个问题。第一个问题是强化敬业精神；第二个问题是强化创新精神；第三个问题是竞争并且超越竞争；第四个问题是要把出版艺术化；第五个问题是不断学习的精神。

出版人成长需要强化敬业精神。做出版确实要敬业，因为我们所做的确确实实是一种服务型的产业，服务于作者，服务于读者，所以敬业精神是我们首先需要的。要以良好的服务精神来从事自己高尚的劳动。

出版人成长需要强化创新精神。内容创新、营销创新、管理创新，这些创新都是出版人时刻要考虑的，内容产业哀莫大于内容贫乏。出版人成长的突破点就是内容的创新能力。

出版人成长需要竞争并且超越竞争。在市场经济条件下，竞争必然激烈，但优秀出版人还要超越竞争。出版产业竞争不仅需要法制来规范，甚至还需要一种文化的规范，一种文化伦理上的规范。文化的规范就是指竞争必须以文化价值为主要目标，文化伦理就是以文化发展为基本法则。所谓超越竞争，主要是指超越经济目的的竞争。

出版人成长需要把出版艺术化。我们应该把出版做得更艺术一些，既要追求结果的创造性与优美，也要追求过程的创造性与优美，把二者很好地结合起来，使得我们的事业能够长存于读者的心中，使其美好的形象让读者永远记住。

出版人成长需要不断学习的精神。我们总是面对着书稿，面对着无穷多的半成品，于是造成了久而不闻其香的腻烦心态。我们需要讲出版，更需要讲学习，通过不断的学习，使得出版产业的文化层次更高，经营能力更强，精神层次升华。

现代出版人要有领导能力，既要成为强力核心，又要有魅力感召。当确定了正确方向，确定了重点项目，以及优化过的出版结构之后，整个团队能够按照出版人的意图去实施，这既需要领导的强力核心作用，同时又需要出版人的魅力感召。

出版社是文化企业，文化企业很讲文化，这个文化有时候是理念的，有时候是感觉的，是价值问题，也是道德问题，还是审美问题。强力核心和魅力感召应当是一个现代出版人非常重要的操作和思想这两个层面的能力要求。

出版人不仅仅是在领导团队的经营，还承载着这个出版社既有的一些优秀理念，一举手一投足、一颦一笑之间就可以让编辑感觉到是我族类还是非我族类。一旦他们感到非我族类，其心必异，立刻就跟你有一种生分的感觉，就很难形成一种魅力感召，从而对你的强力核心造成极大阻碍。

《出版人才的需求与培养》，2005 年 1 月

出版人只是一个职业身份，有抱负的出版人还应该努力成为出版家。出版家要有更高的专业造诣，更强烈的文化追求，创造更大的业绩，要比出版人高出一个层次。

无论中外，一个被社会舆论公认，特别是被历史证明的优秀出版人，都必然是一个有社会责任感的有理想、有抱负、有文化素养的出版人。

出版人这份职业，具有很强的公众性，有关世道人心，有关真理的追求，有关社会的稳定，有关时代的发展，有关民族精神的弘扬，有关先进生产力的发展、先进文化的建设和广大人民群众的利益，可谓使命神圣，意义重大。

出版人应当是在帮助出版物优秀起来的过程中使得自己优秀起来。一些优秀出版人，为了出好一本书、一种期刊，真是激情满怀、点子满怀、方案满怀，一切在所不惜，狂热得很！对于他们来说，成功的秘密就是勤奋，就是狂热地投入。

坚持专业理论思考、研究和写作，应当成为一个出版人工作的一部分，是从自在出版人成长为自为出版人的必要途径。

古人说"学无涯"，从知识无止境的意义来说，出版也无涯。那么，出版人的学习也就得持续不懈地进行下去。出版人的学习还要有自身的特点，要有比较强的综合性，要有与时俱进的精神。

出版产业是一个比较综合性的产业，能担当出版经营管理大任的人才，需要有出版物内容方面和出版经营管理专业两方面，甚至更多方面的知识准备，那些只有出版内容方面专长的编辑和只是学习过出版经营管理专业的营销人员，要成长为出版人，需要一个学习的过程。

出版人的精神状态很重要。出版工作特别需要出版人具有良好的感觉，而一个人精神状态好了，感觉才可能好。何况出版人是出版机构或者是重大项目的领导，按照管理学的一般要求，出版人在任何时候都必须保持良好的精神状态。

一个出版人，要开展经营活动，首先是要带好员工队伍，而且首要的是把员工队伍的精神状态带出来。

出版人的精神状态决定着他所率领的团队的精神状态，也决定着他所经营着的事业之兴旺与否。出版人良好的精神状态表现在他的爱心、热心、责任心、好奇心、进取心、信心、决心、恒心、潜心、专心、细心和开心。

出版人要有爱心。热爱事业，热爱与事业相关的各种事物，爱我们的作者，爱我们的读者，爱我们的图书，爱我们的出版社，爱出版社所有员工，等等。还要爱那些优秀的竞争对手。

出版人要有热心。不仅要爱这份事业，而且要热心于这份事业。善待自己和他人，特别是善待每一位员工，善待出版物，这样才会不断地有所发现，有所前进。

出版人要有责任心。出版事业责任重大，出版无小事，导向关乎国家利益，经济效益又关乎出版社的长治久安。总之，出版关系到人民的精神文化生活的需求，出版人必须负起责任。

出版人要有好奇心。对出版物有好奇心，对市场现象有好奇心，对出版实务有好奇心，要经常有拍案惊奇的感觉，这样，我们的感觉将更加敏锐。

出版人要有进取心。有进取心才会开拓创新而不因循守旧。做出版很辛苦，我国出版产业的改革和发展任重而道远，我们必须保持着强烈的进取意识。

出版人要有信心。有信心才会有行动，才会有成就。当然，信心要建立在对客观信息的收集整理基础上，建立在对市场的正确分析和把握上。

出版人要有决心。如果没有决心和果断的决策能力，就会在犹豫中错失良机。有时候，市场、读者就是在出版人决心的影响下，才接受某些优秀图书。如果连出版人都没决心和信心，怎么能让读者下决心购买我们的图书呢？

出版人要有恒心。出版人，图书一本接一本地出，年复一年地做下去，积小胜为大胜，聚沙成塔。如果没有恒心，就很容易疲惫、厌倦，就不可能到达事业的顶点。何况出版经营决策，难免有成功也有失败，无论成败，一定要持之以恒。

出版人要有潜心。潜心寻求出版创新，潜心研究出版内容，潜心研究出版经营方法，潜心把握出版物的市场规律，潜心总结实践中的经验和教训。潜心，也就是沉下心来，出版人不沉下心来是做不好书的。

出版人要专心。这话有点儿像小学老师的教导，像在说小猫钓鱼的故事。然而，出版人就是得专心致志去谋好书，争效益，谋发展。这是最浅显的道理，而最浅显的道理往往管着大用场。

出版人要细心。细节即品质。做书做到后面，就是比细节了。这是我的出版工作信条之一。从选题到整个销售，要坚持"大处着眼，小处着手"。哪怕就是一个小学生读者的来信，都可能反映出版社受重视的程度，值得我们细心考究一番。

出版人要开心。要快乐地工作，快乐地坐拥书城，快乐地服务读者。往往是，历经磨难，苦苦期盼，图书终于出版，一时好评如潮，畅销如潮，真是不亦快哉！

优秀出版人要培养不可遏止的工作欲望和必胜信念。要做出版工作就要努力去做，要想成为优秀出版人就得努力优秀起来；特别是领导人物，应该而且必须比下属具有更强烈的工作欲望和必胜信念，这样才可能带动大家，推动事业的发展。

优秀出版人要培养对既定工作目标锲而不舍、一往无前的决心，还要有对付危机的能力，特别是出版项目的市场危机，随时都可能发生，我们要敏锐地去感触，及时作出反应，策略地化解危机。

优秀出版人要培养不断开拓进取的创新精神，要经常鼓励和带领大家去进行创新，要想办法在自己的周围形成一种开拓创新的良好氛围，尽量不要去否定别人的创新想法，哪怕他是异想天开，也要给他一个嘉许的微笑和微笑中的否定。

优秀出版人要培养细致入微的出版风格，建立"细节即品质"的理念。封面设计、版式设计、字体设计、校对质量、用纸用料、印制工艺，无一不是以细节见品质；同读者和作者的协调合作和服务也要求在细节上做好文章；即便是内容，也有细节性的品质问题。

优秀出版人要培养效率优先的管理理念。把这个道理弄明白，做事情也就到位了。作为领导人，要两眼盯住效率，就无暇再去搞什么文牍主义、山头主义、空头支票、猜疑心态、亲亲疏疏。先问效率，不纠缠其他，这才是现代的、务实的管理理念。

优秀出版人要培养文化至上的出版理想。一个优秀出版人的特征就是要具有文化追求，做出版，我们最终还是要看有没有好书传世。文化至上是优秀出版人必须坚守的理想。

优秀出版人要培养共生共长的团结精神。和为贵是中国传统文化的精髓，员工之间的纠纷会阻碍出版社的发展。同样，社与社之间的争斗也不利于出版行业的健康发展。双赢是一个非常好的理念，你成功，他也成功，事业才能做大做强。

优秀出版人要培养不断自我完善的成长精神。既然要进取，就要努力完善自己，但也不要畏首畏尾，无所措手足，被一些无关紧要的事情影响自己的成长；再就是不要逃避成长，要自信，要敢于建功立业，迅速成长。

确立正确的目标是出版人最重要、最头等的事情。出版社一定要有中长期的发展目标，而且还必须是正确的目标；正确的目标一经确立，就要告诉广大员工，并且就如何达到目标听取他们的意见，以真诚换取他们的合作，努力形成合力。

重要的项目重点去做，突破重点，带动全面，是完全必要的。一个出版社的负责人，应当抓住重点项目，使之成为拳头产品和市场上的亮点，那时，我们收获的将不仅是这个项目本身的效益，还将是整个市场和广大读者投向出版社的注目礼。

优秀的出版人，不仅要在出版物内容上有高屋建瓴的把握力，还要对作为产业的出版业经营管理以及相关经济领域的情况胸中有数，尤其还要对国家的发展、社会的现状有比较深刻的了解。

优秀的出版人，必定具有成熟的出版企业建设思路。出版人就像篮球队的教练，比赛时要有一定的成算在胸，不能老是暂停、变阵，不然那球是打不好的。"治大国若烹小鲜"，煎小鱼可不能老去翻动，治理出版社也是这个道理。

出版人要有科学有效的工作准则。一是确立正确的目标；二是确立重点项目；三是帮助员工进行创造；四是帮助员工接受失败；五是要以合作的精神对待周围的员工；六是持续不懈地学习。

出版人要帮助员工进行创造，随时嘉奖有创意的建议，哪怕那个创意在你看来未必怎么了不起，哪怕那个创意效果尚难预料，及时的口头嘉奖也是一个好的回报。

出版人要帮助员工获得更多的荣誉。荣誉是个好东西，它可以帮助弱者树立起自信心，激励强者更上一层楼。社领导要给予员工更多的荣誉，一定不要吝啬。反过来，如果领导同部下争功，事情将一塌糊涂。

出版人要帮助员工接受失败。员工的失败，特别是编辑选题、营销方面的失败，说到底还是出版社的失败，是出版人的失败。因而，出版人首先要做的是主动承担责任，哪怕最初你曾经表示过不同的意见，只要你当时没有坚决制止，就要承担责任。

出版人要帮助员工接受失败。最重要的是，出版人要和员工一起理性地总结教训。特别要注意的是，要切实地总结教训，要从规律上认识工作的失误，既不要埋怨，也不要总结出伪因果关系的原因来。

一个出版人，既要以效益论英雄，以成败论英雄，还要以合作论英雄，以可持续的合作论英雄。为了有更好的合作，出版人一定要利用一切机会与员工诚恳地交换看法，要有不懈地灌输正确理念的执着精神。

《漫议新时期出版人》，2003 年 4 月

出版人应该有大局观和战略眼光。在国际出版业竞争愈发激烈、国内图书市场引得一批又一批国际出版人纷至沓来的今天，要成为一个有影响的出版人，社会文化上的大局观和战略眼光不可缺失。

我们对于新型的出版家有新的要求，一个出版家不能仅仅懂书，还能把握经营的基本规律。但文化责任和文化贡献是必备的，是我们出版活动的核心，任何时代都是这样，我们纪念张元济、邹韬奋等人，主要还是承认他们在文化上的重要贡献。

社会责任感对出版人来说不是一句空话，是融化在包括选题开发、宣传推广、市场销售、树立品牌等等在内的血液。肩上扛着社会责任感，就等于选题策划者心中有读者，图书有销路。

当代出版人应具备这样几个条件才能克服商业压力：对出版物要有一种朴素的感情；对建设完善的出版经营良性机制要有探索的热情和能力；在文化建设上要有坚定清醒的社会责任感；应该有大局观和战略眼光。

信仰源于朴素，伟大来自平凡。不是每一个出版人都能够成就伟大，但恐怕每一个有成就的出版人都有一颗热爱图书的赤子之心。这是文化能够屹立挺拔的底线，也是一个出版人之所以为出版人的心灵底线。

出版人对出版物要有一种朴素的感情。有了这种朴素的感情，对普通人来说，就有了守住文化的根本立足点；对具有事业心的出版人来说，"事业"很有可能升华为他的一个信仰。

出版人对建设完善的出版经营良性机制要有探索的热情和能力。社会效益和经济效益相统一的原则，已经成为出版业的经营属性和经营法则。既要争取经济效益，又要坚持正确恰当地获取经济效益，只能靠建立适合自身、扬长避短的效益获取机制。

一个出版人，对产品内容要有比较好的发掘能力，要有比较好的评判能力，也要有强有力的推广能力，要有更多的好书奉献当代、传承千秋，要为和谐社会的构建作出贡献而不是相反，这样，才算是尽到了文化责任。

《文化：出版的本质与终极目标》，2007 年 6 月

要建设可持续发展的现代出版企业，配备企业领导人至关重要。出版企业的领导人必须从三方面来考察，一是讲政治，这是前提，二是懂专业，这是基础，三是善管理，这是主要的。

出版社领导主要是做企业经营管理和领导工作，他不仅要对一部书稿做出一次准确的质量判断，还要宏观地把握出版方针、出版导向、出版动向、掌握好市场情况和本社经营情况。

《建设可持续发展的现代出版企业》，2000 年 12 月

无论出版发行企业如何创意求新，稳健地抓住两个效益不放的领导者才是真正与时俱进、开拓创新的出版人，而坚定不移地朝着建设现代出版企业的目标努力者将在每一部社史上留名。

《在雪地里稳健前行》，2002 年 12 月

一个出版人，倘若眼中唯有孔方兄，只为稻粱谋，见利忘义，见利而忘了自己的首要任务，社会效益又从何而来！其结果则往往是连孜孜以求的经济效益也不可能获得，因为一个文明进步的社会是不可能容忍对社会有害的出版物大行其道而大赚其钱的。

《社会效益浅议》，2002 年 8 月

出版人不仅要知之、好之，还要乐在其中，要不然，面对没完没了的奉献与无所不在的风险，你会感到不平，感到很无趣很烦恼。

一个出版人最重要的能力是学习能力：学习社会，学习专业，学习选择，学习一切有价值的新东西。社会在发展，专业在进步，读者在更新，不学习何以实现出版创新！

《写中国出版集团这部长篇小说是我最大的快乐》，2008 年 11 月

一个有作为的出版人，深入地与作者建立合作关系，在作者创作之初就能有所介入，并从多方面给予作者一定程度的帮助，甚至被作者引为良师益友，这是一种很高的境界。

《创新才会赢》，2000 年 12 月

出版人需建立"出版全流程"的理念，上要与作者合作，下要为读者服务，要完成这个出版的全流程，才算是尽职尽责。

《树立全国书市战略意识》，2004 年 5 月

一个出版企业领导人，如果只问效益，不顾管理，更不顾人心，那只是一个做买卖的人而成不了企业家；如果只顾当前、不顾长远，那往往是当前也搞不好，长远肯定会出问题，身后还要留骂名。

《在中国出版集团公司全面加强经营管理会议上的讲话》，
2011 年 2 月

出版社的领导人必须懂图书、懂市场、懂全国经济形势，需要把管理出版社当作一门学问来做。一个编辑能把书编得很好并不能证明他就能把出版社管理好，最主要的，他必须是管理专家。我们的出版社必须这样来配备领导人。

出版社主要领导必须不断同他的班子、他的员工共同研究国家发展形势、经济发展趋势、出版业发展态势，以及出版社品牌战略和发展方向。

出版企业领导人的工作方法应当是：以人为本，民主治社，依靠绝大多数员工来处理繁难的问题；前线接触，身体力行，具体地抓生产经营工作；修订制度，建立机制，预设管理框架；狠抓营销，力争双效，眼睛盯住效益不放。

现代出版企业的员工应当树立这样的意识：我在企业要承担一定的责任，企业好了我才好，我好好干企业才能有好发展。不仅是一般员工应当如此，就是社长和社领导们也要这样来认识自己的身份和责任。

现代出版企业的员工应该考虑的是"我和企业共存亡"的问题，并建立"效益优先"的价值观，辅之以"兼顾公平"的道德意识。

我们的出版社对人才的管理还是比较粗放，比较抽象简单。我们较少研究出版社缺少什么样的编辑，需要配置什么样的人才，以及给予什么样的相应待遇。而企业必须要考虑每个岗位的重要性，岗位应该确定的责权界限以及相应设立的激励机制，从而通过这些来管理人才、留住人才。

价值评判对于人才队伍的建设和管理非常重要。人才本来就是多层次的，多门类的、多特性的。在这样的情况下，我们出版企业应该研究一下人才配置的问题。

作为一个现代出版企业，需要多种多样的人才，包括版权人才、多种经营人才、发行人才、编辑人才、组稿人才、策划人才等等，而且必须分类指导、分类管理人才。

《建设可持续发展的现代出版企业》，2000 年 12 月

管理出版企业的领导人，要以伯乐精神积极发现和培养人才，要不拘一格大胆使用人才，要实事求是科学评价人才，要像"萧何月下追韩信"那样珍惜人才，要像"爱财如命"的企业家来"爱才如命"，还要与时俱进地热情奖励人才，用事业、感情、待遇和机

制留住人才。

《再谈出版产业发展的重点环节》，2003 年 6 月

人才兴则企业兴，出版人才兴则出版企业兴。出版企业管理者必须把人才管理当成头等大事来抓，要以出版企业当下竞争的需要和长远发展的需要为计，以科学态度来安排好人才管理，以忧患意识来做好人才管理，以爱才之心来做好人才队伍的培养和建设。

企业的人才管理尤其要落到激励机制上。要真正建立好激励机制，需要通过制度管理、行为管理、量化管理和文化管理。制度管理必须程序优先，行为管理必须兼顾情理，量化管理必须有点有面，文化管理必须强调建构价值体系。

《人才队伍是文化单位"转企"的关键》，2014 年 6 月

在人力资源方面，出版集团一方面人才济济，另一方面又结构性匮乏，特别是在经营性人才、新技术人才和外向型人才方面存在短板。未来做数字传媒事业，我们需要既懂 IT 技术，又懂出版业的新技术人才。

《"排头兵"突击》，2008 年 4 月

文化产业发展的产业化、市场化、数字化、国际化趋势正在凸显，亟须培养更多的优秀经营管理人才、创意营销人才、数字技术

人才、外向型人才和领军人才，特别是领军人才，他们是文化产业发展的核心。

《抓住新机遇 实现文化产业新突破》，2009 年 5 月

现代出版企业的各个生产节点连接起来，形成了符合出版企业价值链管理要求的运作流程，体现了出版企业的各种价值要求，这些价值要求自然将通过价值链各个节点上的合适人才来实现。

出版集团总部的经营管理对人才的需求与出版社有所不同。集团需要的人才，不仅要对出版产品的生产经营规律有所掌握，还要能够为集团规模经营提供多种集约化服务，更要对出版产业发展战略有一定的研究。

各种生产经营人才，加上必不可少的组织管理人才，构成现代出版企业的主要人才结构。

项目统筹人才要求的是生产经营的组织协调，生产经营的节奏、时机的把握和对进度的控制。

内容策划（包括版权交易策划）人才要求的是创意，是对内容价值的总体把握。

内容加工人才要求的是书稿的编辑和审读，在这里将体现出版企业质量至上的职业精神，精深的专业要求使得任何人对此不敢有任何的轻视。

产品形态的整体设计和制作人才要一起为图书物质形态的塑造负责。整体设计和制作因为能够把内容产品更多的内在价值表现出来，越来越受到现代出版企业的重视。

书稿校对人才是工兵式的人物，他们和内容加工编辑一起，形成了出版企业内容质量的堤坝，是顾客价值的基本保证。

产品营销人才是出版企业经常被命运之神扼住的咽喉。我们不仅需要能够与客户喝酒联谊的公关型销售人才，还需要电子商务的直销能手、国际版权推销专家和能够对内容产品进行深度营销的人才。

电子商务直销人才要帮助出版企业开展电子商务直销，与电子商务网站建立营销业务关系，适应"秀才不出门，能买天下书"的时代。

国际版权营销人才是急需人才。版权必须开展国际营销活动，否则出版企业的经营就不够完整，效益最大化就没有真正实现。

书款托收人才要四面八方对账托收书款，在一个规定的时间里进行经营结算。他给出版企业收来的不只是金钱，还有比较真实的市场信息、喜悦和忧虑。

经营结算人才不仅要做好项目经济效益的结论，还应当给出改进生产经营的科学分析意见。

现代出版产业链产生了内容供应商、出版业市场调查商、出版法律服务、出版经纪人、出版产业评介、数字化出版、信息化建设、现代物流、出版集团和发行集团等许多新型业态，前途未可限量。

出版业市场调查商的服务力、可信度和权威性有待在实践中形成和提高，具有很好的发展前景。

市场推广及调查人才不仅要把良好的评价在媒体上广而告知，还要对从书店搜集来的销售数据进行分析，进而搜集顾客的真实意见，考量顾客价值实现情况。

出版法律服务是一种需求在不断加大的中介服务，出版业法律服务人才将大有作为，只是出版社需要逐步培养接受法律服务的习惯，社会的法治化程度需要不断提高，把官司打出点意思来。

出版经纪人是一个非常重要的职业，欧美国家的畅销书一般都由经纪人参与操作，其操作的能力和质量有的甚至超过出版社的营销策划部门。随着国内出版市场化、规范化、法制化程度的提高，国内作者一定会催生他们自己的经纪人。

书评常有，而真正的批评却不常有。出版产业应当有产业分析师、书业分析师，应该产生负责任的、有良好影响的职业书评人。

出版产业链的变化，新型业态的出现，产生了对新型人才的需求，高校教学需与此相适应，不要把人才培养的目标、路子和方法搞窄了。

高校编辑出版专业应针对出版企业价值链管理，特别是运作流程价值链对人才的需要，研究课程设置、教材编写及教学实践，有目的地培养出各类人才来。

对出版社所需人才的培养，高校编辑出版专业在课程设置、教材编写和教学实践中，要努力贴近产业实际的需要，让我们的学生在专业课学习上能够做到学以致用。

编辑出版专业的高等教育，要更多针对产业的发展和变化调整教学内容。这是正在从业的出版人员很难做到而高校又比较容易做到的，这样，就能较好地保持高校教育的适应性和前瞻性。

编辑出版专业的高等教育，要更多地进行细分专业的教育，这样或许能够做到学以致用，培养的学生才可能成为出版企业里的主流人才。

《现代出版产业人才的需求与培养》，2005 年 5 月

▶▶▶ **8**

阅 读 情 怀
YUEDU QINGHUAI

读书是人生一大乐事。

《提倡阅读是一种责任》，2007 年 4 月

读书求知，乃是人们生命的需求、精神的需求。

《全民阅读漫议》，2006 年 4 月

读书会改变人生，读书能提升人生。

读书改变人生，主要在于对人生状态和价值的理解。我们不能把人生的改变狭隘地看作是个人职位的高低、社会地位的升降和收益的多寡。人生状态和价值包含了这些内容，但也还包含着许多精神的内容，包含一个人的道德修养、社会态度、家庭生活等内容。

《读书与人生》，2012 年 7 月

热爱读书不仅代表着一种美好的生活方式，也代表着一种高贵的精神气质。

《在第三届读者大会上的讲话》，2010 年 4 月

阅读是一种生活，是一种生活体验，一种让精神升华的生活体验。

《〈创意阅读：外国文学名著新书评〉序言》，2007 年 4 月

随心所欲地读自己所喜爱的书，是人生的一大快乐之事。这是一种审美型的读书，像鲁迅所倾心的那样，是为了"嗜好"读书，是"当作消闲"读书；像林语堂所描绘的那样，让读书成为心灵的活动，不消说，那真是人生一种美好境界。

《诗文集〈小城芳草〉序》，2004 年 10 月

文学的阅读可以萝卜白菜，各有所爱。然而，文学的讨论，应当是平等的，是很个人化、人群化、地域化、时代化的。

《今天我们怎样读莫言》，2012 年 10 月

文学作品往往最少陈词滥调、最恶八股教条、最多创新之举，多读文学书，多去接触文学灵动的叙述，呼吸文学新鲜活泼的气息，可以对改变文风有所帮助呢。

《闲来多读文学书》，2013 年 1 月

文学将无所不至地纠缠你。也许你已经移情别恋，迷恋于影视，发烧于音像，只愿读图看画，颇似返老还童。可是，别忘了，你只享受了空间的艺术而错过了时间的美妙，你只看到了美的物体而错过理解世界内在外在一切微妙的机会，你将因简化鉴赏而弱化以文字为符号的思维能力。

文学是一切艺术的艺术，文学是智者的艺术，文学必将与人类同在。决不是吓唬你，完全与文学绝交，当心自己变傻了。

《跨过千年门槛之后》，2000 年 1 月

图书膨胀的时代并不可怕，关键是我们要爱阅读，有能快乐阅读的习惯。

《读者将有嘉年华》，2008 年 4 月

好书就应当值得重复读。

新书的品种越来越多了，这是必定要出现的无可奈何的事情。活在当下，乱花迷眼，事实上已经不能随便开卷，但凡开卷，总得选择"开卷有益"的最大化。

《值得重复读的书》，2013 年 1 月

只要有好书读，不必在乎其新旧。

旧书重读，不仅可以从旧书中有新的收益，也可以在重读中发现旧书的不足乃至谬误。读旧书总之没有坏处。

一部经典，初读初识与重读再识，这其中有知识和阅历的积淀，情境与情感的变迁，更有时代社会的启发，往往能够有新的角度、新的读法、新的触动、新的启悟，大到有幡然憬悟之感，小到又有洞幽烛微的发现，这是令人快慰之事。

新书不必厌其新，旧书更应当不要厌其旧。只要书具经典价值，则新旧不论，都值得去读，且读了再读。关键是用什么眼光去读。

新眼光不仅得自一个人阅历的增长，更来自于变化中的时代。新的时空会帮助我们对旧书做出新的解读。这是认识论的规律，是阅读的辩证关系，也是历史的辩证法。

《新年不妨读点旧书》，2013 年 1 月

真正爱好读书的人，只要有书可读，原本是不必讲究什么所在的，读书无所不在。

无论是花团锦簇、佳人做伴，还是凄风冷雨、寒夜孤灯，种种环境的变迁都不能阻挡人对于知识的渴望。

独处时读书应该是一个最好的选择。

每一个热爱读书的人，都需要为自己筑造一个心里书房。有了心里书房，自然"腹有诗书气自华"。有了心里书房，自然书会与我们精神相随、生命相伴，读书也就无所不在。

《读书之无所不在》，2012 年 12 月

每天都读一点书，读一点好书，岂不是可以让自己的语言经常有味一点，面目少些可憎之处，进而拥有好一点的生活情趣和工作状态。

要保持好自己的读书时间，确实有些不易。能不能保持好读书的时间，关键在于自己是否爱好读书。

志趣是一个人学习、阅读的原动力。哪里有爱好，哪里就有时间。只要读书成为我们的爱好，那么，读书的时间总是找得到的。

清晨读书，妙处很多。在新的一天开始的时候，晨曦初露，空气清新，周遭静谧，身心轻捷，头脑清醒，读几页好书，感受一份高尚的情感，认识一点生活的道理，享受一段淳朴的语言，与古人、哲人、贤达之人在书中相遇，为书中一个小小的幽默发一点微笑，为一个新的惊奇发现轻轻赞叹，一时间宠辱暂忘，实在是一个好日子的开始。

清晨能以清纯的心境读书，是人生快乐的事情；而清晨能以清纯的心境读到上品之书，人生的这一快乐才有了保证。

《读书的时间》，2010 年 4 月

开卷有益，热爱读书。要像热爱自己的生命一样热爱读书，多读中外文学名著，多读传统文化经典，从中获得生活的力量、信心和勇气。

博采众长，专精结合。要以兼容并蓄、辩证扬弃的态度去了解、认知人类文明史上的各种思想、各种学说、各种观点，从中汲取有益营养和思想资源。

学以致用，立志有成。年轻的读者朋友既要善于知行合一，活学活用，更要读有所成，学有所为，为国家和民族作出应有的贡献。

《在第三届读者大会上的讲话》，2010 年 4 月

在知识经济时代和信息时代，学习型社会里的人们，将越来越重视阅读，但是，与以往文学阅读为主体的特点不同，人们的阅读行为将会发生很大的改变，其主要的特点将是以知识为基础，以信息为目标，以效益为准绳。

《期刊业的发展与我们的对策》，2003 年 6 月

多读、熟读、识破，可以看成读书的三个境界。

多读，乃是读书的一般要求，在书多如鲫的时代，已经很难考量一个人读书的多寡及其必要性。

读懂——识破，当然是读书的高境界，是一个不断追求的过程，对于读书主要是为了爱好、修养甚至休闲而非专业研究和实用需求的人，也不一定要在识破上过于费劲。

熟读，对所有读书的人都是一个比较实在的要求。把一本书读熟，经过努力不仅可以做到，而且也是很有意思的成果。

熟读须好书，但一定得是自己喜欢的好书。这是写作奥秘的要点，也是读书人读书的基本点。

好书宜熟读，这几乎是古今中外读书人比较相同的体会。眼下倘有熟读唐诗三百首的人士，吟哦不绝，不用作诗都要羡煞人。这就是熟读的好处。

我们提倡熟读有价值的书，既可以是通常所说的经典和名著一类的书，也可以是一本或几本优秀的专业类书，甚至可以是一些高质量的知识普及书籍。但必须是同类书中的精品。

只主张熟读，而不问书籍之优劣高下，以至于去熟读诸如《厚黑学》一类的垃圾书，熟读许多既无趣又假话连篇的书籍，熟读内容质量很不可靠的书籍，实在是对自己宝贵生命的糟践。

在读书上，哪里有兴趣，哪里才会有阅读，哪里才会有记忆。当然，兴趣可以养成，但需要主客观的修养和一致。

在选取需要熟读的书籍时，兴趣实在是不可或缺的。否则，硬着头皮去读，强行去读，再读也熟不起来的。

排除社会功利的目的，作为人生修养的重要手段，读自己喜欢的书是最基本的要求。对于自己没有兴趣的书，其书再好我们也难以读好、读熟。

作为一个爱好读书的人，不妨多读、泛读，随意去读，但最好能选一本乃至几本自己喜爱的好书去熟读，受益必定多多。

一个读书人，一生熟读几本好书，只要下一点决心，总还是能做得到的。

读一本书，倘若真能做到熟读，那么，对书内容的理解必定深入以至接近识破。"读书百遍，其义自见"，此处"见"字读作"现"，即指熟读之后，书籍中的许多意思会逐渐呈现出来。

《一生熟读几本书》，2012 年 7 月

阅读分三种：一是兴趣阅读，是满足自己的兴趣选择读一些书；二是专业阅读，主要跟自己的工作有关；三是涉猎阅读。

《读书是一个人生命的需要》，2009 年 8 月

一个作者的作品有多种读法。既可以通览、选读，也可以精

读、闲读，还可以将其置于某些同类或者相对立的作品中来解读，放在某些同类或者相抵触的作者中来细读。

一个作者的作品有多种读法。有的是为了领悟、理解作品的需要，有的是为了认识作者主体的需要，有的是为了拿来作为知溯流别、比较才调的镜鉴，有的则纯粹是为了阅读索引的方便。

《"连理文丛"序》，2004 年 11 月

中国古人对阅读有很多生活化的说法："读万卷书，行万里路"是终身的生活追求；"读书之乐"是把阅读生活化的价值取向；"坐则读经史，卧则看小说，上厕则阅小词"则是对生活阅读化的生动描摹。

读书是一种生活，很自然，生活也就以记忆和想象的方式延伸到读书之中。所谓"以意逆志"，所谓"我注六经，六经注我"，所谓"同阅一卷书，各自领其奥"，说的正是读书与生活相互延伸和作用的意思。这种相互延伸、作用的过程，就是一种创意性的阅读。

所谓创意阅读，不是什么了不起的创意，更不是什么独得之秘。创意阅读，说的就是凡阅读总有读者个人的创意在作用，凡书评更要有评论家的创意在生产。

阅读或书评时产生主观创意没有什么不好，就应多一点创

意，少一点穿凿，多一点想象，少一点刻板，多一点快乐，少一点苦读。

《〈创意阅读：外国文学名著新书评〉序言》，2007 年 4 月

网上阅读片段性强而体系性弱，浅阅读是其很明显的特点，我们不可能指望完全凭借这种浅阅读来提高国民素质。

网络阅读大体是信手拈来，流行的表达习惯通常是只言片语，造成阅读者的注意力常常飘忽走位，并不利于青少年对系统知识的掌握，尤其不利于他们的认知能力、思维能力、表达能力的培养。

尽管当代读"网"盛行，传统阅读却仍然具有其不可替代性。虽然网络阅读在资料检索、海量信息等方面具有一定的便捷性，但图书的准确性、权威性、系统性以及深入程度都是目前一般的网络阅读不可比拟的。

《全民阅读漫议》，2006 年 4 月

网络阅读主要是浅阅读、片段阅读，和完整作品的阅读有很大区别。它对知识的系统把握，对阅读过程中的思考，对阅读之后形成的重要知识积累和认知，是不一样的。尽管网络阅读是一个趋势，但需要提升和升华。

《读者将有嘉年华》，2008 年 4 月

全民阅读只是为了广大人群健康有趣的生活，为了个人的兴趣和修为而阅读，以读书为乐，以读书为荣，以读书而生活，因为活着而阅读，阅读是一种生活方式。

《不是为了什么而读书》，2014 年 6 月

凡事不妨往好处去想，对于国民阅读率历来就比较低的中国，也许用相对廉价便捷的阅读终端去读一些内容基本良好的文字，使得大众从不读到读，从读之甚少到读之较多，并不失为一种相宜的阅读方式。

在移动互联网阅读已成潮流的当下，我们也应当顺势而为。既要提醒人们不要放弃和弱化整体性、经典性阅读，也要承认并尊重亿万受众乐于碎片化阅读的权利。要善待随处可见的"低头一族"们，不仅只是一味批评碎片化阅读的某些弊端，更要为他们提供更多优美、感人的碎片，让他们在低头的瞬间，能读到更多优雅、精彩的文字，更多优美、精致的短章，更多现代人的论语，要把移动互联网发展成为生动、活泼、清新的精神文化空间，这才是文化界、出版界有识之士应当尽力去做的事情。

《善待碎片化阅读》，2014 年 2 月

移动阅读只是阅读生活中一种有限度的理想状态。全社会对此要有所认识，有所引导，在普及阅读的基础上，要大力引导深度性阅读、整体化阅读，特别是在专业阅读、高层次阅读人群中要强化

阅读的价值选择。

《数字出版热点面面观》，2014 年 11 月

传统的纸介质出版不仅仅是一个传播行为，我们的阅读也不仅仅是一个知识摄取的过程，在一定意义上阅读书籍还是一种生活方式。

《打造国际一流出版传媒企业》，2010 年 7 月

阅读文化问题，主要涉及到阅读的意义、阅读的价值、阅读的方式、阅读的选择、阅读的环境等。其中，核心是阅读的价值问题。

在人们为数字出版的某些神奇现象啧啧称奇而狂欢的今天，作为有责任感的出版人和出版理论研究者，应当针对阅读——出版业这一带根本性的问题进行严肃的讨论。

从出版数字化转型给人们的阅读带来的一系列变化，进而讨论阅读文化重建的理念和实践，显然有利于客观审视数字出版发展的现状，有利于人们趋利避害地接受数字出版，有利于从根本意义上不断改进和完善数字出版业态。

数字化专业出版最为令人心仪的是其为读者提供解决方案的高效出版与阅读的神话。人们总是感兴趣于阅读效率的提高，惊讶于

相关知识检索能力的提升。数字专业出版确实有效解决了这方面的实用性需求。

专业阅读并不仅仅要解决阅读速度和效率提高的问题，也不只是需要解决检索需求问题。在专业阅读过程中，还有相当多元价值的东西可以在阅读中获得。

数字化专业出版在高速发展的同时，如果只是满足于解决方案的获得，极有可能给读者造成多方面的损失，特别是人文精神和思维科学方面的损失。

在数字化转型中，人们在为阅读效率的极大提高欢欣鼓舞的同时，也为阅读的碎片化问题、浏览式阅读问题、实用主义阅读问题以及浅阅读、泛阅读、读图、读视频、网络狂欢等等负面问题表示了深刻的忧虑。

大众出版的阅读通常可以分为两类，一类是实用的，一类是休闲的。休闲的大众阅读主要是指读者为了休闲、审美、娱乐、愉悦等目的的阅读。实用的大众阅读即指读者通过阅读获得思想文化上的教益、写作艺术的修养以及各类知识的认知。许多时候实用与休闲交融于大众的阅读生活中。

在大众阅读过程中，如果普通大众读者总是处于碎片式的移动阅读状态、鼠标快速浏览状态、只言片语的浅表性阅读层面，缺少必要的完整性，缺乏真挚的感受，无意于深致的体验，则不仅实用性阅读的收获无从谈起，就连休闲性的阅读享受也会堕入混乱之中，作为以提高国民素质为目的的大众阅读则可能南其辕而北其辙，适得其反，误入歧途。

从数字出版逐渐进入人们的日常阅读的过程来看，由于拥有许多技术手段的支撑，数字出版使得读者的被动、被选择、被接受的程度空前上升。

尽管一个人从小阅读或许是被动的，是被选择的过程，但是，一个人的成长过程却是从被选择到自主选择的过程，自主选择的能力越强，个人的阅读能力就越强，阅读心态、阅读心智也越成熟，而社会的阅读文化也就越成熟。

在数字出版阅读上，人们在阅读的选择方式上出现了由主动选择向被动阅读反向发展的趋势。

在很多时候，人们在网络上接受的是侵入式阅读、广场式阅读，甚至还会出现反复冲击式的阅读。主动的阅读与被动的阅读经常面临博弈。在强化了阅读自由度的同时，阅读的主体性同时也被消解了。

被动阅读的问题不是数字出版的错，而是数字技术魔匣里经常会蹦出的怪物。在这样的时代里，需要我们对阅读的方式和环境保持必要的自主能力，也需要数字出版者做出共同的努力，在发展数字出版的同时，不断地优化我们的阅读方式和环境。

人们已经被市场竞争、效率至上弄得相当疲惫，现在又要被数字技术搞得如此这般的支离破碎、踉踉跄跄，且不说那些急功近利的专业阅读、教育阅读，就连大众阅读的休闲式阅读，情意绵绵的阅读，思考人类命运的阅读，都变得匆匆太匆匆，好像明天立刻就要获得一个重大发现，然而这分明不过是人生应有的精神休憩。

重建阅读文化，必须在人文精神的导引下，建立合理的阅读价值取向，构建多元的阅读方式，改善阅读环境，减少阅读的盲目性、从众性，增强阅读的理性、自主性。

重建阅读文化，需要在出版数字化的各种载体和传播方式运行中建立具有权威性和公信力的阅读评价体系。

出版界和阅读界要立足于建立行业规则，提高行业识别出版舞弊行为的能力，建立起开放的评价环境，让亿万热情的网民睁大眼睛审视出版物的质量，发出批评的声音，从而建立起有序的阅读文化环境。

阅读文化重建，正在对数字技术提出要求，数字出版业不能不负起相当的责任。任何先进技术都存在着正面作用与负面作用两重性，人文精神将要求我们趋利避害，不能让技术的负面作用肆意放大。

网络出版与阅读应当建立起以诚实为基础、内容为导向的作品评价体系，数字图书馆要把那些无良出版商从目录中删除，为确保用户阅读选择的自主权而建立更加健全有序的网络环境。

在数字化时代，数字出版业较之于出版业以往任何时候的社会责任都要重大而复杂，服务于社会阅读的责任也空前地受到高度关注。

数字化大众出版要提倡开卷有益，倡导品味和价值的提升，可以有原创园地海量文字上传，更需要强化网络出版的编辑环节。

在数字化转型过程中，阅读的快与慢矛盾则几乎达到"生存还是死亡"的激烈程度。为了人的全面发展，我们不能一味地以快为美，而必须解决以人为本，科学解决好速度的控制问题，努力做到该快则快，该慢则慢。

《出版转型与阅读文化重建》，2013 年 1 月

我们需要认真琢磨一下关于慢的科学理念。又快又好固然好，可倘若好不起来，则宁可慢一点下来，总之以好为要。至少阅读和出版应当是这个道理。

阅读乃个人之事，能快则快，愿慢则慢，全看个人心智、秉性、能力特点以及与所读之书的关系，本无所谓好坏，更无对错。不过，作为一种社会文化现象，关乎民族社会精神文化状态，则值得注意和研究。

为了不损失或少损失美好的东西，我们的阅读需要慢下来。阅读如看风景，如尝美食，如山居品茗，如林中散步，匆匆忙忙有何

好处？这里说的是休闲型阅读。至于学习型阅读、专业型阅读，则更不用说了，要有所得，非细嚼慢咽不可。

《慢阅读与快生活》，2012 年 7 月

出版业强，则全民阅读兴；全民阅读衰落，则出版业一定出了问题。

中华民族自古以来就提倡阅读甚至崇尚阅读，"开卷有益"、"读万卷书，行万里路"、"耕读立家"这些中国人耳熟能详的名言从古说到今，当今我国又有建设学习型社会和创新型国家的号召，提倡阅读自然是社会推进学习与创新的必由之路。

"读万卷书，行万里路"说的是两件人生大事，一是学习，一是实践；一是传承，一是现实，犹如鸟之两翼、人之双足，不可偏废。如果将人生比作一场盛宴，那么，读万卷书是一道大菜，行万里路也是一道大菜，单吃一道菜，那菜再大再硬，也不是科学的人生态度，那人生也不是真正意义上的快乐人生。

提倡全民阅读，决非蛊惑人们"一心只读圣贤书"，或者是误人子弟，把人养成"四体不勤"的废物，也不是"万般皆下品，唯有读书高"的意思，而是希望人们能建立一种健康饱满、积极向上、关注现实、快乐学习、和谐生活的状态。

全民阅读是修养性阅读、自由自在的阅读，是快乐阅读，与那种功利性阅读并不完全是一回事。

《全民阅读漫议》，2006 年 4 月

　　阅读，本来是个人自己的事情。可是，当人们发现国民阅读率连续下降的时候，当人们知道我国人均年均读书量在国际调查中远远落后于许多国家的时候，当有些国际人士撰文直指"中国人不爱读书"的时候，当国家领导人和社会各界有识之士都在呼吁"多读书、读好书、善读书"的时候，阅读就不再只是个人自己的事，阅读成了一个社会问题。

　　阅读这一社会问题是一个影响长远的问题。它将影响到社会、民族现实的精神状态和长远的精神走向。

　　阅读，作为人类文化传承和知识认知的过程，往往是一个静水流深的缓慢而深刻的进程。全民阅读，重在动员民众，旨在养成良好的阅读习惯，更是一项无边无际漫长而久远的任务。改善全民阅读状况，需要坚持不懈地做出长期努力。

《当阅读成为社会问题之后》，2014 年 2 月

　　国民阅读是一个大概念，教育人员和专业人员的学习性、研究性、实用性、职业性阅读包含在其中，与此相对的是一般性阅读，前者是具有内在或外在的强制性，有各自专业学科内在规律的要求，后者则是随机、自主的。

我们民族的阅读量构成，最为短缺的就是一般性阅读。国民阅读问题说了多少年了，不见改变，可见难度之大。然而，还是要努力。

国民阅读的理想状况是让更多的人相信并力行之——开卷有益！要让更多的人喜欢手持一卷，要让更多的人关注优秀畅销书和必备经典，要让更多的人相信开卷有益，要让更多的家庭以读书为荣。

《畅销书与国民阅读》，2007 年 3 月

全民阅读是一种生活方式的阅读，人类生存方式的阅读，是想"知道"的阅读。传统阅读一直强调学以致用，事实上，更为进步的阅读建议应该是"学以致知"。

《阅读的悖论》，2011 年 11 月

我们的民族有良好的阅读传统，但也有一些太实用、太功利的毛病。我们提倡的大众阅读，是为了提高生活质量，提高国民素质，并不是为了明天的考试，这是一种纯粹的阅读，为阅读而阅读，作为人生活的一部分而阅读。

全民阅读应该是快乐阅读。苦读是为了升学、研究，是一种职业阅读；而大众阅读就是要读者在阅读中感到快乐，增长知识和见识，然后感到人生的意义。

《读者将有嘉年华》，2008 年 4 月

一个人的阅读总归需要内在或外在的动力来推动。有的阅读动力比较世俗、功利，有的价值追求十分高蹈，还有的是为了学以致用，以读书改变命运，更有为了成为一个有修养、有文化的人，虔诚地接受阅读的推动和感召的。凡此种种，却也都自有其推动作用。

古往今来，劝读都是至善之事。"天下无如读书乐"，"数百年旧家无非积德，第一件好事还是读书"，以读书为荣，以不读书为耻。

当全社会都说读书好、读书乐的时候，大众就会形成集体意识、广场效应和共同的价值追求，也就达到了开展全民阅读活动的主要目的。

《阅读的动力》，2012 年 5 月

孔子曾经提出社会发展的三个步骤：庶之、富之、教之。"庶之"就是发展生产力；"富之"就是提高人民生活水平；最后是"教之"，即提高人民的文化素质。我们的社会正好处在需要正确处理"庶之、富之、教之"关系的重要时期。

从历史源头看，阅读是出版之母；从文化生产和传播的流程来看，出版又是阅读之母。从阅读和出版这对关系出发，我们既能看到与出版业发展高度相关的根本问题，也能更加准确地看到阅读状况堪忧的症结所在。

有什么样的阅读需求就有什么样的出版产品。阅读方面的过度功利性价值取向造成出版业内"无教不富"，这种畸形现象反作用于阅读，造成了国民阅读的进一步畸形化，国民阅读的内容愈发偏狭、粗糙、肤浅，充满商业气味。

要在全社会形成阅读风尚，使阅读成为人们的一种生活方式，首先还是要在解决自身问题上下功夫，要认清出版企业的终极目标是文化，是传承文化、创造文化、创新文化、发展文化。要在这种精神和态度之下，更好地发展我们的产业。

《全民阅读与出版人的责任》，2007 年 4 月

出版对教育服务的功利性过强。同样，读者的阅读需求具有很强的功利性也会促使出版者向这一功利性的需求看齐，久而久之，有其他阅读需求的读者会因为没有适合他们需求的图书而放弃阅读。从此角度讲，出版社对阅读有着不可推卸的责任。

开展全民阅读，出版业需要解决和强化的问题主要有三点：原创不力，挖掘不力，推广不力。我们应该加强原创能力，加强挖掘能力，加强推广能力，这样才能形成出版产业的良性发展，同时也是对阅读社会的贡献。

从组织写作开始，到读者阅读结束，这都属于我们的出版工作。我们绝不能仅仅满足于把书销售出去。推广包括推动阅读、帮助阅读，这样才能完成我们全部的责任。

《提倡阅读是一种责任》，2007 年 4 月

我们要从出版人自身责任出发，采用有效的方式来影响广大读者。第一件事情是推出一大批标志性的出版物；第二件事情是努力打造有号召力的出版机构；第三件事情是在推动社会公益文化活动中作贡献。

《文化：出版的本质与终极目标》，2007 年 6 月

出版与读书生死与共。观众不看戏，剧团有责任，因为事实证明好戏总有大量观众；同理可证，读者不读书，出版业当然有责任，因为只要出版业服务得好一些，一本新书的读者往往就会陡然增多。

国民阅读率下降，责任既在社会，也在读者，也在出版业。有道是："剧院培养观众，观众选择剧团。"同理可证："出版业培养读者，读者选择图书。"读者与出版者，对立而统一，相互联系，相辅相成。

全民阅读，第一位的还是始终坚持多出好书的终极目标。所谓好书，一句话：开卷有益的书。如果读者一次次开卷无益，一次次被"低俗化"、"拼凑化"以及"伪书"搞坏胃口，一次次连呼上当，国民阅读率又如何提升起来？

《全民阅读与我们》，2007 年 4 月

不知从什么时候起，一说到全民阅读状况不佳，许多人常常

在第一时间就要追问出版界。"书出得太多太快"，这是普遍的埋怨。"书出得太粗太烂"，这是常见的责难。"书出得太容易，如今是人都要出一本书"，这是听了让人都笑不起来的笑话。出版界也经常发布类似多少个小时快速编辑出版一本书的神话故事，还真配合了这些埋怨。除非是特殊需要，否则萝卜快了大体是洗不干净泥巴的。

《慢阅读与快出版及其他》，2012 年 7 月

　　设立国家读书节是为了营造一种全民阅读的氛围。虽然其效果不会立竿见影，要发挥其实质性作用还需要多方的长期努力，但是，以节日的形式表达我们提倡阅读、建设书香社会这一愿望总胜于那种无所作为、熟视无睹的态度。

　　读书本质上是一种个人行为，之所以要通过设立读书节将它变成一种全民性的活动，是因为人都是社会性的动物，每个人都属于特定的社会群体并受其影响，同时又会对社会群体产生影响，相互影响之下就形成一种风气，进而影响更多的人。

《提倡阅读是一种责任》，2007 年 4 月

　　全民阅读应当成为全国书市不变的主题。

《书市归来说价值》，2007 年 5 月

开展全民阅读活动，应当从大学生做起。没有比大学生不爱读书更让人感到没希望的事情了。

《2010 首都大学生读书节感言》，2010 年 10 月

全民阅读，当从青年做起。青年最能代表民族的精神和时代的风貌，高校青年更是肩负着民族的未来和希望。

我们迫切需要一种振作精神的有效形式，一方面可以在长期的生活、学习和工作中实行，从而培养有激情、有力量、求进步的人格。另一方面，把生活养成和母语学习、文化传承等结合起来，实现为学与为人、个人追求与社会价值、生活实践与文化创新的统一。阅读就是这样的一种形式。

《青年日新从晨读做起》，2008 年 3 月

开展全民阅读活动，我们出版人应当带头。自己不读书，有什么理由劝人读书！出版业内的阅读状况值得我们高度关注，没有比出版图书的人却不愿意读书这样的事情更让人失望的了！

经典与新书，应当各美其美。经典以一当十，传承民族文化精神，应当世世代代读下去。新书更具鲜活生气，更为激动人心，更显时代精神，值得我们时时刻刻地等待。

多出新书，多读新书。优秀的新书是时代的旗帜，体现着时代

精神，昭示着民族未来。

《全民阅读与我们》，2007 年 4 月

久经考验的经典图书在培养阅读兴趣、养成阅读习惯、形成阅读能力中起到的是基础性作用。

《全民阅读与出版人的责任》，2007 年 4 月

人们的阅读选择是有时代性的。

《版权合作：一种双向的选择》，2004 年 8 月

出版人有责任做好"四时——时代、时尚、时下、时机"的营造和引导，但首先还是学会适应并服务于"四时"的阅读需要，如此，出版人也就基本上尽到了责任。

《全民阅读与出版人的责任》，2007 年 4 月

读书必须要选择，而读者又没有读过这些书，不知道一本书应该读还是不应该读。在读者面临选择而又没法选择的悖论之下，我们要更多地提倡读经典，社会要为我们传统的经典、人类的经典、当代值得称为经典的图书大声疾呼。

出版界要真正负起责任来帮助读者选择。出版界要把自己的书

推荐给读者，总是要把好话说完。我们的图书评论家要更加负起责任来向社会进行推荐，包括我们的评奖。

《阅读的悖论》，2011 年 11 月

畅销书是社会阅读的一个重要标志。社会大众是否关心一些新鲜出炉的书，新书里面是否承载着一些新而鲜的知识、内容、趣味，是否需要通过阅读来了解，一定程度上折射出社会精神状态是否积极、开放、进取。

畅销书阅读是国民阅读中的一部分。畅销书能够形成读书热潮，可以使得被动型读者得到带动。在网络时代，在电视选秀时代，在娱乐发达而读书衰退的时代，畅销书还可以起到一定的抗衡和调整作用。

畅销书常常具有盲目性，有些书很低下，莫名其妙就畅销了，这就需要一定的导引，这就首先要求畅销书具备应有的文化认知和提升的价值，真正实现"开卷有益"。

《畅销书与国民阅读》，2007 年 3 月

出版业有一句老话：好书不一定畅销，畅销的书不一定好。这是阅读学的常识。话说得很不确定，体现了畅销书大量的不确定性。既然如此不确定，阅读畅销书就不免有些冒险。

一本书为什么畅销，原因可谓各式各样，莫衷一是。有的畅销书只是因为作者的名声而成。倘若我们的读者只是慕名而趋之若鹜，以为前书畅销后书就一定好看，不免也是一种冒险。

更多时候，畅销书是因为市场和读者的从众心理而形成。三人成虎，可以吓跑心有定力的曾子之母。没有什么事情不可以被从众心理所挟持。

正如市场有着积极和消极的两面性一样，畅销书现象也必然有它的正面价值和负面价值。不要被畅销书一时的轰动效应所迷惑、所误导、所挟持，要警惕畅销书！

《冒险的阅读》，2012 年 8 月

读者天然公正，可爱而可敬。读者离我们而去自有他的道理。正如检验真理的唯一标准是实践一样，检验出版业绩的最终标准是社会和历史的接受程度。

《全民阅读与出版人的责任》，2007 年 4 月

出版业人士通常所说的"读者是上帝"、"上帝"的满意度，亦即受众阅读的满意度，应当是出版业发展评价的主要内容之一。

《出版转型与阅读文化重建》，2013 年 1 月

全社会的阅读状况体现着社会的文明指数。

《在第三届读者大会上的讲话》，2010年4月

城市文明既要靠环境、规划、建设等外在形式体现，更要靠城市居民的文明品质和文化气质来形成。全民阅读活动就是提升城市居民的品质和气质的重要手段，应当将城市全民阅读状况指数纳入文明城市指标体系。

将阅读指数纳入文明城市指标体系，既能为分析居民的文化教育素养和思想文化发展状况提供基础，为制定未来工作方针政策提供可靠参考，也能提升居民对阅读的关注度，激发居民阅读积极性，有助于建设"书香社会"、"学习型社会"，还会对各级政府文化工作形成监督和发挥激励作用。

《将城市阅读指数纳入文明城市指标体系》，2012年3月

►►►9

写 作 理 念

XIEZUO LINIAN

一个作家要走进读者的心灵，采取的办法是心灵，他的心灵。

《忧患者的心迹——中篇小说集〈命祭〉序》，1986 年

文章千古事，得失天下知，而不是古人所说的只是"得失寸心知"。

《〈我的出版思维〉自序》，2003 年 8 月

用自己的喉咙，唱一支自己的歌，即使不是绝唱，只是野唱，但是能得到人民的欢迎，历史法官的首肯，此生足矣！

《集前书简——小说集〈去温泉之路〉自序》，1984 年 2 月

我们需要一切真诚而高尚的作品。

我们倾心于紧扣时代的史诗性的鸿篇巨制，倾心于具有强烈现代意识和宏大的人类感的佳作，然而也以同样的热情迎接各种风格流派的作品，只要它们真正具有艺术价值。

《怎么办——大型文学季刊〈漓江〉发刊词》，1986 年 2 月

创造，是人类一切优秀作家永生的旗帜。

创造，是一切优秀的文学作品之所以为优秀的魂灵。

创造，是文学上对古人和外国人的继承和借鉴的出发点和归宿。

强化本民族文学的创造性，这是一个民族具有自立于世界民族之林的强悍精神和强健的生命力的表现。然而，这种强化的极致，却是盲目的排外性和愚蠢的自我封闭、自我弱化，必然导致营养性贫血。

张扬对传统和外域的优秀文学遗产和菁华的继承和借鉴，这是一个民族具有海纳百川的博大胸怀和发育成熟的自信心的表现。然而，这种张扬的极致，同样盲目而愚蠢，是一种民族虚无主义和自我放逐、自我萎缩，必然导致先天性缺钙。

《创造断想》，1992 年 5 月

"代有时文"，文章当随时代，时尚折射时代，只要用的合理高明，没有什么不好。

《阅读盛宴畅销书》，2012 年 6 月

历史上凡取得大成就的作者和出版者，无不是"为时而著"。所谓"时"，主要是指：时代、时尚、时下、时机。时代即指时代的精神，时尚即为时代的风尚，时下即为当下的生活，时机即为形势与机遇。

《全民阅读与出版人的责任》，2007 年 4 月

凡堪称一代文学巨匠的作家，往往与民族的精神内涵有着某种隐秘的联系。他们提供给人们的决不只是故事和传奇。把普遍的精神、独创的视角与人们的日常生活融合起来，乃是文学的真义。

《文学图书：走出去的责任与自觉》，2006 年 8 月

文学写作有功利与审美之别。伟大者把写作看成"经国之大业，不朽之盛事"，是使命感使然；世俗者"著书都为稻粱谋"，是一种谋生的需要。这都是人类社会一种正常且必需的活动。

审美型写作，写作者为了对文字书写的喜爱，有所寄趣，有所寄托，情以物迁，辞以情发，写作并且快乐，以写作来表演"心灵的体操"，当然是人生的优美境界。与读书不同的是，这种境界并不是有文化知识的常人都能去实践的。

审美型写作特别需要独具的兴趣和爱好。有了这种兴趣爱好，一个写作者，才可能心游目想，寄情文字，不舍昼夜；只问耕耘，不问收获，也不计成本；快意写作，快意发表，甚至快意于不发表。

《诗文集〈小城芳草〉序》，2004 年 10 月

作家可以一点一滴去写，微言大义地写，塑造典型，见微知著，提供反思，既体现文学本体的价值，更达到文化的理解。

《〈古炉〉：独特的乡村文本，悲悯的人世情怀》，2012 年 7 月

文学艺术作品既要好看，又要耐看。好看，其实是一个常人对于文学艺术作品的基本立场和第一要求；至于耐看，往往是作家艺术家欣赏作品时的要求，他们更看重作品超拔的艺术境界和精深的思想内涵，新颖的艺术形式和技法，希望从中得到创新的启悟和阐扬。

在文学艺术作品面前，通常的看法是，常人要好看，专家要耐看。不过，常人也有希望作品耐看一些的，希望它利于认识人生和实践人生；作家艺术家也会追求作品能引人入胜，好看一些。许多优秀的作家艺术家，正是由作品的好看与耐看自然融合所造就。

《〈曾仲作画册〉序》，2003 年 5 月

读者的反馈、市场实现的状况和文学人士的研究结果，都在表明，读者对于长篇小说的选择，正朝着直面历史与现实、寻求社会与人生的意义方面倾斜，较多的读者既讲究有关痛痒，又希求无奇不传，好看和耐看是他们的最低纲领和最高纲领。

《创新：文学出版的生命》，2000 年 12 月

雅俗既不"共"又不"赏"，这是中国当代文学由来已久的尴尬和困惑。中国当代文学要上去，先得出现纯文学和通俗文学的二元发展：不是耐看的纯文学作品，就得是好看的通俗小说。

立志于"走向世界"的纯文学作家们，愿你们"心灵的体操"优雅一点，"昼梦"做得超拔一些，深邃不让老庄，济世不落孔孟，激情不输李杜。尤其重要的是，多来点有意味的形式，造一套你自己的语言，在文学本体上多下点儿功夫。

有志于"走向大众"的通俗小说作家们，切莫眼睛只盯住武侠、言情、侦破。其实，社会纪实、政治变革、历史变迁同样也能写成很好看的通俗小说，只是长期以来有人自命清高贬通俗为庸俗而不愿和不敢承认罢了。

曲高和寡，是规律；随着时光迁延，曲高也能知音渐众，这也是规律。因此，我们想在文学本体上追求一些真正高明的哪怕暂时和者盖寡的艺术珍品。

阳春白雪与故弄玄虚以至于不知所云完全是两回事。《皇帝的新衣》的笑话在自命不凡的先锋派艺术的沙龙里已经屡见不鲜。爱我们的读者，我们就要老老实实地杜绝此类笑话重演。

《文学季刊〈漓江〉刊前语》，1988 年

只有讲读者层次，才好谈作家受欢迎的程度。

《阅读的社会和社会的阅读》，2006 年 3 月

读者天然公平，埋怨他们是毫无用处的，作家与读者的关系全在于两厢情愿。读者的选择会给愿意与他们合作的作家和出版人以启迪。

《创新：文学出版的生命》，2000 年 12 月

文学作品的成功，从本质上看必须首先是文学本体上的成功，然后才可能是政治学的、哲学的、历史学的、经济学的、社会学的、伦理学的等等非文学因素的某些贡献。这决不是什么独得之秘。

《长篇历史小说〈大对抗〉序》，1992 年 1 月

写作的秘诀乃在于读书。

《读书与人生》，2012 年 7 月

一个作家最重要的能力是什么？有人说是构思，有人说是表达，有人说是语言，但最重要的还是学习能力：学习生活。

《写中国出版集团这部长篇小说是我最大的快乐》，2008 年 11 月

一个写作者，一本书就是一本书，曾经有过好看的书却不能借此证明后来的书一律好看。花无百日红。作者写作水平起伏是再正常不过的事情。

《冒险的阅读》，2012 年 8 月

人还没有修养到老道的地步，文章也就不会真正老道起来。

《〈出版者说〉自序》，2011 年 6 月

作家对文学终极目标的预设，将直接影响到最后作品所处的人文层次水平，不容小视。就如做人，要做怎么样的人，这样的目标会始终影响一个人的全部人生。

《出版企业的文化管理理论与实务》，2006 年 3 月

古人说的"文似看山不喜平"是一句至理名言。凡个人作文，力避千人一面与平铺直叙，见解、事实、写法、语言总要有些特点才好。

写作风格的形成，本来就不易。追求归追求，成功总是一个未能到达的彼岸。

《〈我的出版思维〉自序》，2003 年 8 月

内外须得融为一体，这是一切文学作品成功的必备条件。

文学创作是最不能容忍强人所难和强说新辞的现象的。

追求本色，通常是指追求表现生活的本色和作家的本色，以及这二者的融合。这绝对不是一件轻易能够做到的事，尽管我们常常听到某些过于气盛的年轻人鄙薄此道，以为无色彩无绝响无超越无宇宙大道理。

如果我们赞成"自然高妙是第一高妙"这样的美学原则的话，那么，第一高妙的境界岂可飘飘然而入！然而，追求是可以的，实现也是一种过程。

生活不仅向文学提供内容，也同时提供形式，用时髦而有用的话来说，那就是提供着"有意味的形式"。

生活本身的要求也罢，时尚的影响也罢，作品的成败最终还是要看作家的一杆笔。

《报告文学集〈雁城风流〉序》，1993 年 7 月

统一是暂时的，对立是绝对的。尽管共同打起一面旗帜，却做出两样的文章，这是文学中平常的事。如加缪与萨特，主义是一个，小说却相去甚远，各自开着永生的奇葩。

人际关系依然有酒同喝，作品却常常不肯助兴，如果还愿意做真正的创作的话。如茅盾与叶圣陶，文艺研究的同人，做出来的却是各具特色，《子夜》的剑拔弩张与《倪焕之》的朴实平和，各成一方天地。

文学之旅，最终还是只能与自己同行。然而正因为有如此之众的独行者，有如此错综复杂的现象，才做成一部文学史的美丽，造成后进者跃跃欲试的壮志雄心，提供批评家表现智力的机会。

先锋的试验固然可喜，对于开拓思路引来新的火种烛照新的世界不无裨益。但倘若一个作家永远处在试验之中就很是可悲，作为文学世界里的一个人，他终将做不成一个独立完整的生命。寻找"我"的工作，对于一个作家来说，越早完成越好。

在完成对世界的把握和对文学品格的选择之后，还需要作家大智若愚，超然物外，甘于寂寞，潜心经营。大著作必得由大智者完成，这是一个正比。

《一座城市与它的小说家们》，1989 年 9 月

文学的道路是那么曲折，探索总是失大于得的。

生命的形式是新陈代谢，艺术生命的形式也理应如此。艺术生命的常在赖于常变。至于结构、叙述角度等艺术手法，更无定规。写的时候，想到怎么写能尽意，能不十分雷同于别人，就怎么写。

认识自己并不容易，这需要自我肯定和自我否定的勇气，需要借鉴。鉴者，镜子也，我们应当在文学作品的"鉴"——古往今来的文学经验，真诚的评论家和天然真诚的读者面前，仔细地识别自己。

文学要求于我们的，是真诚，是独特，是真诚和独特基础上的深刻，是真诚、独特和深刻表现出来的人民性，必须按照这个要求认识自己，否则，文学规律将如司芬克斯怪物一样，会把我们吃掉的。

即便是当代很重要的社会问题，倘若你对此并无深切、真诚的感触，倘若那问题与你的整个艺术个性不能统一和谐起来，硬去写它，结果会怎样呢？也许，走红了，在社会的功名市场上赚得了一点利益。然而，这对文学事业的发展又能意味着什么呢？

《集前书简——小说集〈去温泉之路〉自序》，1984 年 2 月

坚守个性，保持风格，并不能与故步自封、作茧自缚、重复描红画等号。前者强调的是一种发展的前提原则，后者强调的则是一种结局；前者强调的是一种追求的质素，后者强调的则是停滞的缺陷；前者保持着一种生命的张力，后者则中止这种张力。这二者中

间，有时只有一步之远，有时又可以隔着一座十万大山。一切全在创作者的一念之间。

《诗集〈昨天的月亮〉序》，1993 年 2 月

我们处在一个纷乱的文学时代。这是一个无序而又高频更迭的时代，一个躁动而又自以为是的时代，一个胜王败寇、占山为王，而又各领风骚三两天的时代。置身于这样的文学乱世，我们不但经常遭受着别朋弃亲的苦痛，更要时时冒着失却自己的危险。对于作家，没有比失却自己更危险的了。

顺昌逆亡，在文学的历史上，必须以作家的不可替代性作为前提，否则，无论是昌还是亡，都是于文学本体无意义的。这是文学的 ABC，这是文学的最高机密，乱世使我们常常昏头昏脑地忘掉它们。

偏激是必要的，无偏激难有个性。求同则未免可笑，求同则取消了创造。各自的灵性，各异的创作，大家都能互敬互重地开着各自的奇葩。

一般来说，对于情感型作家，我们不能与他纠缠于形而上，人与人心灵的交流并没有清晰的线路和准确的接点。

呻吟痛苦标榜深刻不是一个人一个时代健康的表现。事实上，文学大厦有无数通道可入，一切人生的深切体验都可能成为作家的

出发点和归宿。为恨而写为思想而写与为爱而写，谁也不比谁浅薄和庸俗。

多时以来，每论作家，或谈忧患或谈灾难，或谈文化意蕴或谈历史视野，或谈灵性或谈才气，或谈玩文学或谈老庄禅境，就是无人愿谈爱心，仿佛为了爱的文学必是浅薄庸俗之作。这是一种时代病。

《高扬一面爱的旗帜——中篇小说集〈黑牡丹和她的丈夫〉序》，1990 年 5 月

一个作家自在的行为是我痛苦，我要宣泄；我快乐，我要歌唱；我有故事，我要与大家分享。然而有时候虽然你自己生活得很好，但你认识到了他人的痛苦，觉得应该把这些痛苦告诉其他人，这就是一种自为的行为。事实上，痛苦与人类并存，只是感受到的程度不一，而关键在于认识。

《进取在俗与不俗之间》，2008 年 4 月

写作应该具有原创精神，这是一个基本原则，在写作时要谨记这个原则，这不仅是对别的作者的尊重，还包含着对读者负责。

《我的版权思维》，2010 年 7 月

作家最重要的品质有三条：一是创新精神，好作家总是"语

不惊人死不休"，走自己的路，不重复别人，甚至也不重复自己；二是想象力，作家需要想象力，其实很多事情要干好都需要想象力；三是写小说必须一个字一个字写，要有足够的耐心和意志力。

《答十问》，2008 年 8 月

我们民族传统对叙事文学的基本要求是："人情事理"，以人情的感动达到事理的传导。

《忧患者的心迹——中篇小说集〈命祭〉序》，1986 年

文学者，并非仅指文采章句，其本质乃是人的生存状态、人情事理，以及对宇宙万物的惊奇感觉。

《庄子的快活》，2010 年 12 月

亲切是优秀的文学作品应当具备的条件，亲切感的获得又有赖于读者与作品心性体验某种程度的一致。

文学作品说到底还是要争取实现与读者的心理同构、情趣吻合、精神共鸣，这是一部作品成功与否的最后标志。

幽默正在越来越为我们的青年作家们所接受。幽默将使我们智慧，幽默将使我们博大，可以用幽默做成很好的象征，帮助我们跳

出浅俗的境地。

当对于文学作品的现实感的要求正在加强之际，我们一方面要直接从现实漩涡里汲取材料，一方面要更本质更宽泛地理解现实感。

《亲切，因而认同》，1990 年 3 月

人们有理由要求我们的小说对于我们的时代有稍微明快一些的反应，稍微具体一些的表现。因为我们的世界乃是庶民的世界，生活首先是庶民的生活。

文学说到底不是世外桃源，不是社会躯体废弃的盲肠。也许，许多时候文学过于自以为是，不自量力，因而迷乱，因而浅薄，因而尴尬。但是，社会对于文学的积极参与，总应当以表扬为主。成绩是主要的，应当不再是一种敷衍，不再是批判的前置。

现实人不关心现实，中国当代作家不关心当代中国的现状，没有比这个更危险更可悲更令人绝望的事。当代作家的历史小说创作当然也是对于现实的一种关心，而更为直接的关心则来自进行现实题材创作的作家。

许多时候以来，我们说了太多的空灵、虚静、无为，说了太多的性灵、感觉、自我、玩味，飘飘然仙风道骨，不屑人间烟火。然而，历史、现实、未来，昨天、今天、明天，每一天都如此严峻，

每一天都如此艰难，梦中之梦怎能做得下去？

文学的现实意义和历史意义是我们作家作为社会、民族一分子的应有的良心发现。林语堂固然有趣而博雅，鲁迅却更其有力而伟大；沈从文、废名固然亲切，茅盾、巴金却更其可敬。

我们所处的时代和现象是纷繁复杂的。一颗赤裸的灵魂，倘若不曾麻木，在尘世间便时时刻刻要经受着震动和拷问，与现实对话要远比消遁到原始蛮荒之地（一些寻根小说作者流连忘返的文化时空）与死亡对话要艰难得多。所谓画鬼容易画人难，平常的话把道理说得很透。

《一座城市与它的小说家们》，1989 年 9 月

人的命运乃是亘古以来的文学中最主要的内容，文学作品中最难以说完道尽的仍然是人的命运，人们对自己和他人命运的恐惧和求因构成了人类求知活动的基点。

写什么和怎样写之间永远存在着一条漫漫幻化之途，然而，书写命运，却是文学生命力的基本保证。

尽管作品具体表达的优劣决定着文学本体的粗细高下甚至成立与否，然而，生活与意义，自来是文学的本源与旗帜。

文学创作，小大之别，规模与内涵不一定成正比，有的以小见

小，有的以大见小，有的以小见大，有的以大见大，首要的尺度还在于作品涵盖的人类生活面积的长短宽窄，在于作品的意义在人类精神世界中其价值的厚薄重轻，然后才是作品具体表达的优劣。

文学的魅力常在对人千变万化命运的表现过程中显现。一部文学史，大凡堪称成功的文学作品，首要的一条正是因为写了人的命运，进而写出了命运的光怪陆离，写出了命运后面人的历史，写出了命运之中的丰富性和复杂性，写出了命运之外神秘莫测的宇宙，从而发出对命运成因的追问、探寻、求索、感叹，并且把这命运书写到或动人心魄或发人深省的意境。

《长篇小说〈幻化〉评论集序》，2000 年秋

命运感，从来就是文学作品的魅力之一，更是长篇小说最为主要的魅力之所在。

书写人的命运，一直是文学永恒的母题之一，永远有说不尽、道不完的命运故事。

人是社会关系的总和。人物命运必然折射时代变迁，反映着民族命运，特别是体现着特定的生活方式。

《一个值得注意的文本——读〈我这把生锈大刀〉》，2010 年 8 月

苦难是人类永恒的主题。苦难几乎是人类的一个宿命。我们可

以轻而易举地从人类三大宗教中得到对这一论断的领悟。一个文明健康的社会，应当对苦难保持着高度的敏感和同情心。

《不能忘记的另一种童年——〈苦乐童年〉序》，2012 年 7 月

后发国家面临着跨越式的发展与对立，其命运的变换往往具有强烈的戏剧性乃至神奇性，因而其思考总要更为紧张而尖锐，因而更带有寓言性。而就我们民族的文学传统来看，寓言性也是我们十分重要的传统。

《〈无土时代〉：人类一个时代的寓言》，2008 年 12 月

好作家一定要有忧患意识、悲悯情怀，这是中外文学研究出来的规律。

《闲来多读文学书》，2013 年 1 月

"忧患与生俱来"，凡人皆有忧患。然而，有人知觉，有人不知觉；有人忧重，有人忧轻；有人好忧，有人好喜；有人积忧，有人忘忧；到了作品里，也就各有情状。

一个真诚的忧患者，他的忧患意识便很可能沉郁在他的作品里，写悲剧则作伤悲愤懑的哭，作喜剧则发辛酸含泪的笑，即便歌功颂德，也能写出历史进程的艰难。

一个谨小慎微的忧患者，为了生存的利益和安全，或者不敢写忧，或者强颜作笑，那么他的忧患便成了无文学意义的忧患。

沉重和忧郁，有时也许源于自身的遭际，表现为一己的得失，有时也许具有社会意义的历史使命感，有时也许二者兼而有之，不能断然分割。然而，这毕竟是一个好作家应有的心理素质。

不能想象，一个从事塑造人的灵魂，揭示人生意义的事业的人，一个用真诚的感情和灵透的悟性去影响他人生活的人，竟然会缺少一颗多愁善感的心灵，缺乏对社会、对历史的忧患意识，已经是那么愉快地给生活披红挂绿，把适应现存的生活状况作为最高道德意义而沾沾自喜，最后还能够写出具有深刻的历史意义和人生意义的好作品来。

我们应当教孩子懂得哭，不仅在自己摔倒时哭，更重要的是当别人摔倒时，他也会哭。读了这段话，对于我们的作家，要求他们为谁哭，就明白得多了。我们的忧患意识覆盖面越大，就越能包容人类意义，就越能具有历史感和超越感。

《忧患者的心迹——中篇小说集〈命祭〉序》，1986 年

长篇小说最是"一花一世界"的。

《创新时代：出版社创新面面观》，2003 年 2 月

就一部长篇小说而言，作家的叙述风格是其成败的不可或缺的因素。

《〈古炉〉：独特的乡村文本，悲悯的人世情怀》，2012 年 7 月

长篇小说的文学性就是要具备人物、故事、情节、细节这些最基本的元素，同时以具有审美特点的语言进行叙述和描写。这是文学的 ABC，其实又是万变不离其宗的文学要义。

往往会有些作家把长篇小说做成了思想之书、哲学之书、意识之书或其他之书。有时做做试验未尝不可，可是作为一个长篇小说读者，我们还是希望看到的是长篇小说，看人的悲欢离合，看人的喜怒哀乐，读人的内心焦虑与欢欣。

《一个值得注意的文本——读〈我这把生锈大刀〉》，2010 年 8 月

长篇小说创作必将成为文学的主攻目标。这是我们所处的改革的大时代必然造成，是一个伟大民族的文学的必然趋向，是当代文学高频率、高更迭的无序状态的必然归宿。

《怎么办——大型文学季刊〈漓江〉发刊词》，1986 年 2 月

世界文学自 18 世纪进入以小说为主导的时代以来，能够被称之为一个民族、一个社会、一个时代的精神集中、丰富、深入体现的文学作品往往是长篇小说。

长篇小说是一个民族的文学中的万里长城，是一个时代的文学中的珠穆朗玛峰，是一个社会的文学中的摩天大楼。音乐中有交响乐，电视中有连续剧，戏曲中有连台大戏，舰队中有航空母舰，武库中有核弹头，体育中有奥运会，我们的文学中有长篇小说。

中国读者渴望自己爱读并且耐读的长篇小说，改革的大时代呼唤表现时代精神的长篇小说，当代诸多艺术门类（电影、电视剧、戏剧等等）急待优良的母本——长篇小说，中国文学需要以优秀的长篇小说独立并标帜于世界文学之林。繁荣长篇小说，理所当然已经成为中国作家和出版家肩上的历史重任。

事物的规律是，热点一经形成，既可能成为良性发展的动能，也可能成为平庸泛滥的诱因。事实是，一面是长篇小说出版数量持续上扬，一面是长篇小说质量不尽如人意；一面是作者和出版者热情高涨，一面是读者的阅读难以形成热点；一面是全社会都在呼唤新作，一面是全社会又都普遍感到缺乏力作。希望与失望并存，生机与危机同在，一切全在于作者和出版者的主体把握。

半部杰作的悲剧随时可见，作家重复他人又重复自己的现象屡屡发生，题材素材的浪费令人扼腕，大量的语言垃圾随意抛撒形成公害。对此作家应当引以为戒，而出版者也应扪心自省：是否也要承担某些责任？是不是对上述现象的产生还发挥过助动力？

《长篇小说短论》，1996 年 5 月

一部长篇历史小说的气象与格局，必须依赖于事件、人物的传奇以及与当代人审美的融合。我主张历史长篇小说的传奇性，坚守无奇不传的原则。

《长篇历史小说〈铁血祭〉序》，2008 年 9 月

历史的深呼吸绝不仅仅止于历史小说的创作。历史感，对于人类的生存、社会的演变，不仅仅是"过去时"，更重要的应当是"现在进行时"，是"未来时"。

《一座城市与它的小说家们》，1989 年 9 月

作为人类文学的一个母题，"人与自然的关系"已经成为我们这个时代最重要的焦虑之一，而且将会长期持续地焦虑下去。

《〈无土时代〉：人类一个时代的寓言》，2008 年 12 月

我们这个民族自来就看重天与人、世与人、国与人、人与人的关联，自然也就看重文学与社会、文学与自然的关联，认为"天人感应"、"文以载道"乃是一部作品、一个作家至善至高的境界。

《〈文学桂军论〉序》，2007 年 7 月

东方传统崇尚自然，西方传统崇尚人为，这是东西方古代文明的不同点之一。不同的文明造成了不同的文学特质，于是自然的伟

大成就了中国古代文学的辉煌。

我们民族优秀的文人们是极愿意接受自然精神的支撑的。岂止是愿意，简直是一往情深；岂止是接受支撑，他们更企望融合，企望无物我之分，达天人感应。自然使他们灵动，自然又使他们虚静；自然使他们素朴，自然又使他们多情；自然使他们纤细敏感；自然又使他们胸襟博大。

对于文学作品，亦如对各种自然景观一样，不宜用一个词一句断语去圈定它们。作品一旦诞生，便是一个独立的存在，一个作者仅仅可以看成一个导游，引导读者在他指示的生活情境中游赏，景点是一个，观感却可以不计其数。

《诗文选〈心醉神迷游桂林〉序》，1992 年 4 月

诗的大厦无疑也有许多窗口可以进入。然而，由于诗的情绪性，诗的形式感，诗的似是而非的贵族做派，又使得这座大厦的许多窗口饱览人世之沧桑、名利之潮汐、人情之冷暖。一面是神圣的文学殿堂，一面是恶俗的人间市场，现实果然介于天堂与地狱之间。

诗，相比较起其他创作文体，如小说和散文，不晓得为了怎样的缘故，竟然最多地纠缠于"画眉深浅入时无"一类的问题，最多地演出各领风骚的悲喜剧。它的读者又大都是喜新厌旧的郎君，总要令人生厌地拥挤在一两个时髦光鲜的窗洞。

没有比诗更能诱惑年轻人的表现欲和成功欲的了，也没有比诗更能吞噬年轻人的创造力和个性的了。

我们加倍地珍惜诗人的个性和创造力。哪怕矫枉过正，为此而导向孤绝。哪怕力排众议，为此而犯了难犯的众怒。

诗的创作应当是一个人最高的精神活动。如果在进行最高的精神活动时我们依然媚俗不已，依然萎缩自己的精气神，依然隐匿个性，依然瞻前顾后，依然混迹于文市，探听着各路行情，一句话，放弃自己，那么，诗的末日大概已经不远。

《诗集〈昨天的月亮〉序》，1993 年 2 月

诗歌是所有文学样式中最难赏析的一种。解读一首诗歌，有时候是一种情商的冒险，一次诗谜的智力较量。解诗学不应当是索隐派，读者细读的应当是客观存在的作品和自己的经验。

《诗文集〈过路风·星星火〉序》，2004 年 12 月

"天地有大美而不言"，纪胜作品，大美就在天地。

知识的可靠与情状的真实，乃是纪胜散文的第一要素，文辞工拙则在其次，而有无思想哲理的发现更是无可无不可的事。

纪胜文学作品流传久远，合理的内核当首推纪实价值。我们看

得比较多的情形却是头足倒立，本末倒置，玄奥益深，哲理无往而不在，文辞无往而不彩，唯独缺了点儿做人为文的实实在在。

山水怡情，往往是云烟过眼，游历者不过领略其大概，而乐于以文字纪胜者，总要有些心得的。然而能否具实写来就不一定，不少人常耽于一知半解，让当地人哭笑不得。至于生于斯长于斯的山水之子，只要是不愿意作文随人之是非的，就会去探僻寻幽，所描所写总要比外来者更具纪实价值。这正是纪胜一类作品最重要的审美基础。

有的作家正因为远离故土而对故土产生了新致的感觉，从而把那故土写出别样的韵致来。美国作家福克纳正是远离了他南方的家乡，才把那"邮票一样的小地方"约克那帕塔法县描摹得名闻世界；鲁迅在远离绍兴的北京把鲁镇的人物刻画得那么深致；沈从文在远离湘西的都市把那边城的风情抒写得那么鲜活。

《〈美在广西〉序》，1999 年

文学自来就是一个地方、一个民族、一个时代的文学。美国作家福克纳一直写着美国南方"一个邮票大的地方"，成为了世界性的大作家。这样的例证还有很多。这是文学作品成功的基本规律。

《一个值得注意的文本——读〈我这把生锈大刀〉》，2010 年 8 月

文学的事实是作家经常身在曹营心在汉，心有旁骛，脱离地

域，同样也能做成名著。在都市做着山野的昼梦，在现实编织历史的传奇，或者脱离地域，对着更广大的生活进行创作，这是追随心灵冲动，寻觅对人生和宇宙惊奇感觉的作家们的特权，强求一律是没有意义的。

文学创作要比生活本身苍白，而评论又要比文学创作苍白，而文字的失当害义是如此的惊人，符号常常叛逃对象，能不做尽可能不去做它。

《一座城市与它的小说家们》，1989 年 9 月

历史在演进，文学则往往会有所踟蹰，有所徘徊，或前或后，或紧或松，围绕着既有的历史，打量、剖切、反思、演绎每一个具有文学质素的人物、事件乃至细节。

文学书写历史，最直接的可以是全景式的历史演义文本，也可以是纪实性的散文作品，而最为写不尽的，则是直抵人、人性乃至社会性、民族性的文学作品。这是文学纠缠于历史题材的拿手好戏。

历史尽管可以被历史学家加以个人化的叙述，但不同的文本终究有限。文学却会以无穷多的可能性纠缠历史，生发出无穷多的文学文本。这便是为什么中国几千年来文史不分家的原因。这也就是成功的文学作品绝大多数是个性化回顾性叙述的原因。

《〈古炉〉：独特的乡村文本，悲悯的人世情怀》，2012 年 7 月

今之文学，已成盛况，盛况的结果之一便是多样化。然而，对于盛况的反映，到了史学家手中，必定简略成几位大家、若干名家，同时消失掉众多各具特色的作家，无论他们如何妙手偶得。

历史书是如此干瘦，三位一体的时空里演出的纷繁无比的人与事，必定被它干瘦成一章一节一段一句。

历史书是如此残忍，历史事实那丰满鲜活的血肉之躯，必定被它放血剔肉，大卸八块交给后人，所剩鸡零狗碎之物则被抛撒于荒郊野外。

历史书是如此颟顸，对无数微妙玲珑的事实常常视而不见。历史书是如此色弱和鼻塞，除若干后人所需要的主流意义，奇香异色通常不能引起它的兴趣。

我们身历其中的当代文学，正在鲜活地生长着的当代文学，许多鸿篇巨制的史论已经让我们遭受别朋弃亲的苦痛，遗珠之憾几成失珠之恨。我们窃望将别朋弃亲的苦痛减弱一点，把遗珠之憾减轻一些，而给更多好作品的保存以相对平等的机会，给此后的文学史以稍微丰满鲜活的血肉。

历史只是一种叙述，历史学是灰色的。关于文学的历史总结概莫能外；岂止概莫能外，简直是更有甚者。一部中国文学史著作，就能够把群星灿烂的唐代诗歌干瘦甚至剔剐成李杜韩柳若干人，而那部《全唐诗》终于让我们感慨自己所知唐人才子仅二三，历史的埋没竟是如此无情。

历史总结是必要的。因为它的任务是阐释意义昭示后人，探索规律指导来者，记叙那些能证明意义和规律的正反事实。即便真诚如太史公，也不可能不分王侯与布衣，记下当时的全部故事。即使发达如现代全息摄影，也不可能巨细靡遗地记下现时的一切神形。事实上也没有这个必要，否则便是强人所难。

《〈1991 年散文年鉴〉前言》，1992 年 10 月

中国文学具有鲜明的重写意的特点。按照将艺术分为表现和再现两大类型的分类方法，中国文学主要倾向于表现，表达作家对外部世界的感知。并且为了这种表达，常常将现实表象的固有常态拆碎，按照表达的需要重组。

中国文学主张形神兼备以神为要，主张虚实结合而尤尚空灵，以精练求深广，于一瞬求永恒，努力创造"大音希声，大象无形"，言有尽而意无穷乃至"无声胜有声"的艺术境界。

《重倡中国传统评点方法——〈古典文学名著评点系列〉总序》，1993 年秋

治史、读史的目的是为了发现并把握历史发展的规律，这是人类认识自身与寻求发展的需要。因而，寻找"信史"——要求史家叙述历史时具有很高的可信度，是其正当的要求。而追求"良

史"——希望史家叙述历史时，在可信的基础上能正确揭示历史的内在真相与内在规律，达到"知兴替"而经世致用的目的，则是其最高的要求。

在史学领域里，治史者所拥有的材料、眼光、立场以及才学识见的不同，必然导致历史研究结论与叙述状态的迥异。上下数千年，人类一直在探寻自己的历史，寻找"信史"，追求"良史"，以期获得历史的真相和启悟。

《〈世界历史文库〉出版前言》，2009 年 9 月

文学与出版，是互为基础、互相倚重的关系。文学是出版的源泉，出版则是文学的生命线。

文学与出版的合作，必须建立在互相尊重的基础之上，必须建立在严肃的、负责任的职业道德基础上。

作家的创作主体地位不可取消甚至还必须强化，否则文学将被金钱功利所裹胁。同时，作家也必须建立良好的信息源和信息控制力，否则文学将老化、窒息而遭到读者的遗弃。

尽管从出版业的本源来看，我们承认作家的作用是第一位的，不可替代的，然而，在信息时代，在市场经济条件下，出版业的运作对于作家写作的影响甚至制约、引导，将会越来越大，这也是不可否认的事实。

出版人的成功运作，可观的销售量，自然会成为作家创作热情的助燃剂。

出版人运作出版物的主体地位应受到作家的尊重，否则出版将连同文学一起自绝于社会和市场。

作家和出版人的密切配合，从写作构思、写作过程和修改，到出版准备、出版细节和市场促销，形成了有计划、有秩序、有效的控制力比较强的文化生产过程，从文化生产的意义上来看，这是文学与出版趋向成熟的标志。

市场经济条件之下，文学事业与出版事业要想得到繁荣，作家和出版人的精诚合作业已成为一个必备条件。"一荣俱荣，一损俱损"，文学和出版，从来没有像今天这样联系得如此紧密。

《历史小说写作与出版》，2002 年 1 月

要警惕市场化的陷阱，不能让文学创作被市场所裹胁。我们要做的主要是让文学与市场更好地结合起来，在这个过程中，文学的本体地位不仅不可以丧失，反而还要通过市场产生更好的效益。

《需求即被选择》，2002 年 4 月

作家要安心去写作，去创造，用电脑用笔都行。数字化也许将要取代许多门类的文字写作，但决不能最终取代作为人们心灵体操

的文学创作，而且文字的丰富意韵也不是电影、电视、音像、电脑、网络所能表达尽至的。

微妙文字决非它物所能替代，即便到了第三个千年时，人类也少不了文学作品，IBM"更深的蓝"战胜得了象棋特级大师，却永远战胜不了真正的作家。

《跨过千年门槛之后》，2000 年 1 月

10

研究思维

YANJIU SIWEI

一花一世界，一个人更是一个世界，钻进去做学问，总会做出些名堂来的。

《且谈全集之全》，2000 年 2 月

在学术领域里，当一种方法的诸多长处为其他方法所不可替代时，当这种方法既不是宗教而又能成为传统时，我们可以说，这种方法一定具有某种程度的解释事物、影响事物的能力，同时便具有了存在的理由。

《重倡中国传统评点方法——〈古典文学名著评点系列〉总序》，1993 年秋

在信息化环境下，提倡深度阅读、深度思考、深度书评，是我

们找回人与文学的办法之一。

我们的追求是：不仅提倡创意阅读，还提倡深度阅读；与提倡深度阅读相匹配，推崇厚重与深致的书评。

文学图书大多供于大众精神消遣，书评为此助力，这是文学出版的常态；代有时文，时评依此而生，原也符合规律。

书评作为社会阅读的向导，更多地承担着学习向导的任务，也就更应当立足于深度的解读和阐发，至少，应当更多地提倡这样的书评追求。

文学赏评，历来就有品人与品文两种。我国传统喜欢讲"文如其人"和"人如其文"，说的是人品与文品的一致性。

艺术创造的过程非常复杂，凡事不要绝对，切切不可把人品与文品、锦心与绣口混为一谈。然而，公道说来，古今中外，上下数千年，各种名篇佳构，还是大多出自作者心声，和着文人血泪的。

因为有复杂的因果和伪因果现象的存在，才要求人们对文学的赏评需要更为全面、更为透彻。要求赏评者不仅要读书，还要读人；不仅要听其言，还要观其行；不仅要文本至上，更要知人论世。

有意有象，有情有景，多义性和歧义性，不确定性和确定性，无限性和有限性，这是文学的本来面貌，似有若无的东西恰恰是文学的最大魅力所在。

　　文无定法，评论文章当然也不会拘于一法。评论家尊重作家的文学成就，那是对文学现实的一种尊重，但并不意味着就此止于思考。

　　评论往往要从作者的成就与缺憾，文本的得与失开始，揭示每一位作家都必然具有的写作维度与困境，进而探讨文学所面临的一些关键问题。

　　在这个创意的时代，当代文学评论的写作渐成创意之风，这使得评论文字不仅附丽于文学作品，也越来越具有自己可供独立欣赏的美学价值，这是当代文学的光荣，也是阅读社会的幸事。

　　　　　　　　　《〈创意阅读——中国文学名家新评〉序》，2008 年 12 月

　　传统评点方法体现了中国传统文化中的两大性格特色，特色之一便是强调对事物所具有的感应性，特色之二则是偏重实用理性。

　　评点方法要求批评家充分地在作品中随感而应，作流动体验而非静止的抽象思辨，这种感应和体验与事物（作品）保持了相当稳定的联系。

　　评点方法与实际作品最为紧密相联，所评所点正好有利于创作者具体地总结创作的经验，便于创作者实际借鉴和操作，非常典型

地体现了中国传统文化所具有的实用理性的特色。

传统评点方法显然建立在中国古代哲学的基础之上。如果说直觉是古人认识事物的一种哲学方法，那么，格物致知则体现了中国古代哲学的一种精神，它们在传统评点方法中都得到了显明的体现。

传统评点方法对文学作品所采取的批评，便具有很大程度的直觉主义。传统评点方法追求对作品意义的总体感觉而不是逻辑推断，追求字里行间的突然把握，而不是科学式的条分缕析，通常以喻释义，取譬说理，惚兮恍兮，惊奇顿悟。

中国的古代哲学，在认识论上，倾向于直觉主义，推崇格物致知的严谨精神。中国古代哲学认识论中的直觉主义并不等同于认识过程中的笼统粗疏，古代哲人们同时也十分推崇严谨的格物致知。格物，指就物而穷其理，从具体事物中去获得知识。

传统评点方法是典型的格文学作品之物，致作品内容及文学创作、原理方法、作家意图之知，一字一句一段一回一人一事一言一行无不在批评家所"格"之下，以此来达到对具体作品各种因素的全面把握。

中国文学重写意的特点，不仅表现在创作上，同时还体现在古代的文学批评甚至文学理论上。中国古代文论中到处可以看见意会而来的观点，文学批评中更是到处碰上批评家感受式的文字，理论和批评大体是由鉴赏始，以鉴赏终，鉴赏贯穿全过程。

传统评点方法于作品中逐字逐句逐段逐回鉴赏，鉴赏中提出法则，鉴赏中阐释意义，鉴赏中表达感情，甚至还可以在鉴赏中来点意识流，上挂下联，心骛八极，神游四方，尤其体现了中国文学重写意的审美的兴趣和方法。

西方式的文学批评建立在抽象思维的基础之上，归纳演绎固然长人见识，接近于现代科学；而中国传统评点方法建立在具象思维的基础之上，直觉体会，以意逆志，追求顿悟，却也十分启人心智，接近于文学本体。

西方式的文学批评惯于从作品中提出问题，然后抛开作品，抽象出世界的大小道理，做自己的千古文章，文章可能深刻完整，但不一定与原来的作品紧密相关；而中国传统评点方法紧扣本文，从作品中来到作品中去，为作品作阐释，作褒贬，作升华，批评未必完整深刻，但肯定与作品紧密相联。

西方式的文学批评可以吸引文学以外的学者从各自专业的角度对作品的各种内涵进行批评，可能丰富深致，但也可能抓住一点而不及文学；中国传统评点方法则非文学中人不可，因为它十分具体，局外之人在作品的通幽曲径前必定茫茫然手足失措。

西学的影响固然很好，西式批评方法完全可以请进中国，而中国的传统评点方法却也可以沿用并使之完善，二者完全可以各行其是。岂有非此即彼之理！

现代文学批评中完全可以使用传统的批评方法。新批评派的一个重要原则是研究本文，要求把作品作为客观存在来研究，解读作品时强调忽然的、偶然的感知，认为这样的批评是合理的"无深度概念"。这些原则和方法与传统评点方法真可谓所见略同。

传统评点方法具有合理内核和世界性意义。当然，传统评点方法还具有更为灵活自由的形式，这种形式在世界文学批评中是独具其美的，令人赏心悦目，有可爱之感，有生动之感，有机智之感，有亲切之感，是别的论著式的批评所无法替代的。

如果我们扬弃掉传统评点方法中的一些弱点和弊病，诸如缺乏全局观念，缺乏完整的参照系，以及穿凿附会、耽于训诂、夸大感觉、故弄玄虚等等，那么，传统评点方法获得历史上的再度辉煌，将是完全可能的。

中国现代解诗学主张对作品从宏观的把握进入微观的分析，认为理解是欣赏的前提，阐释是批评的基础，意象之间的组织是主要的切入口，批评家把推论和依据之间的距离缩得尽可能的短。

《重倡中国传统评点方法——〈古典文学名著评点系列〉总序》，1993 年秋

凡事若问要到哪里去，自然要先问从哪里来。所有触碰这类哲

学式追问的人，都习惯这样来思考。从逻辑学来说，这是问题的逻辑起点。

追问哪里来、哪里去，是一次唯实式的思考。这样的思考对改革和发展能够起到理清思路、明确方向的作用，能起到鼓舞士气和切实推进的作用。

《从哪里来　到哪里去》，2003 年 12 月

无论我们从事哲学社会科学研究，从事科学技术研究，还是从事文学、艺术创作，都离不开对前人已有成果的研究和利用，都需要从中汲取灵感、借鉴有益经验，然后经过自己艰苦、细致的创造性劳动，才能取得新的进展和突破。

《以重大项目推动文化大发展大繁荣》，2007 年 11 月

在全球化时代，关注世界各国各地区文明发展的源流、现实和未来，不仅仅是人文学科的一个重点课题，也是许多当代中国知识分子的强烈兴趣所在，甚至已成为他们的一种精神生活方式。

《〈世界历史文库〉出版前言》，2009 年 9 月

在建设中国特色社会主义文化这一宏伟战略目标的感召下，关于政治文化、经济文化、军事文化、法制文化、生态文化、金融文化、和谐文化、农业文化、城市文化、教育文化、科技文化、企业

文化乃至文化发展等专题研究几乎都成了重点科研课题。

《时代赋予文化更多的担当》，2012年3月

文化研究的基础是对文化客观状态的研究，然后才是对有价值的文化的弘扬和传承。

文化是说不尽的。自然，文化学研究的覆盖面也几乎是无疆界的。即便把文化分为广义与狭义两种，物质、精神、制度、生活方式等因素为广义，人类活动的精神产物为狭义，而即便狭义的文化，也是覆盖极广的一种理论。

文化研究蘧然而成显学，最著名的论断便是美国人约瑟夫·奈的"文化是软实力"。政治、经济、历史、社会、文学、艺术、道德等领域的研究尽在文化研究之彀中，文化大有"曲成万物而不遗"之势。于此情势之下，文学文化学研究遂乘势而上，众神之车驶上文化康庄大道。

中国的文学研究，一直就有通变的传统。文学历史化、文学社会化、文学经学化、文学道德化，自古以来皆为文学研究的通天大道或通幽曲径。研究文学必须通变，几乎成为古代文论的铁律。

通变的传统发展到了极致，就有了"泛通变"之虞，在文学本体研究方面就少了一些深挚和执着。甚而至于，到了某些极端时期，文学研究便严重脱离文学本身，文学研究变成了历史研究、社

会教化、经学讲述，最后堕入枯燥无味的政治说教，窒息了本来应当生机勃勃的文学。

文学需要自救，自救的结果是激动人心的本体回归。文学本体回归的极致，又极端成了文本主义、唯主体主义，认为文本和文学主体才是一部作品、一个作家至真至美的境界。然而，哪里又有真正与世清绝的文本和纯粹主体的研究呢？事物总在走向自己的反面。

《〈文学桂军论〉序》，2007 年 7 月

文化研究是人们众多认识交流碰撞的过程，杂多的研究方法有利于认识的趋同和全面的观照。

研究出版文化，需要对出版业发展状况全面观察，需要对出版活动的价值理念、道德规范、审美情趣和行为准则等种种情形深入考察。这种观察和考察，既要有宏观视野，更要洞幽烛微，见微知著，微言而大义。

《〈我们的出版文化观〉自序》，2008 年 3 月

作为一门学科，试图获得更为科学的结论，需要剔爬到历史事实的深处和研究对象的灵魂，绵密地搜集材料，透彻地穿琢事实，客观地展现过程，历史地观察规律。

在人文社会学科里，没有比编辑出版研究更需要实证研究的，因为这本来就是一个实用型学科；也没有比编辑出版研究需要更多一些理性的，因为编辑出版涵盖着几乎所有理论性学科。

在编辑出版专业研究中要尽力祛除世俗功利气味，坚持有一份证据说一分话，哪怕为此被别人嘲笑为认死理的"学院派"，也总比世俗功利气味要好。

《〈编辑家秦兆阳研究〉序》，2012 年 10 月

在编辑出版这个学科的研究上，一定不能脱离对出版物内容的研究，脱离了既定出版内容的编辑出版学研究，往往流于简单、粗疏、空洞，难免无的放矢或隔靴搔痒的毛病。

《〈书林漫步〉自序》，2009 年 7 月

编辑出版学是一门实实在在的应用型学科。在这里，空洞调头要少唱，空话套话要少说，而代之以生动活泼的实践研究和对事物规律性的准确把握，以及由此生发出来的理论思考和前瞻性认识，方可使得我们的科研、教育以及人才培养有实用、见实效。

《编辑出版学：与出版产业共同发展的学科》，2010 年 12 月

要讨论一个学科的研究状况，按照学术史研究的规范，通常需要包括该学科的文献整理研究、成果评价研究、学科状况研究以及

学科趋势研究、相关性研究，等等。

一个成熟而完备的学科，其学术史研究非但不可或缺，恰恰相反，应当相应地成熟而完备。反之，无论学科研究态势怎样地如火如荼，只能表明该学科的建设尚处于滥觞期，甚至可以形成反证，证明学科距离成熟还有长路要走。

理论研究的成就从来就不主要在量，尽管数量是质量的基础。理论研究的价值主要在于研究成果的质量，在于一系列新的观察发现和更深的思考总结上，还在于有利于指导、帮助新的实践和研究上。

文献整理与研究是学术成果评价体系的重要基础。在这项基础性工作机制尚未建立和完善之前，出版理论研究学科的评价体系建立和完善也就尚需等待时日。

活生生的专业实践从来就是专业学科发展的活力与动力。同时，活生生的专业理论研究还应当具有自系统性和内在逻辑性。

出版理论研究应当既具有实践性，又具有客观性，由此形成一种科学互助的关系。

缺少思想深度和哲学高度的理论往往流于庸俗和教条，而庸俗和教条的理论将难以自证。

缺少正确思想指导，缺乏科学理论工具的理论研究，往往成为概念的重复演绎和教条的枯燥说教，抑或成为既无价值理性又无工具理性、既无人文精神又无科学精神的形而下的生意经，至多也只是一些正确观点的浅层诠释。

理论研究当然包括诠释性研究。然而，包括诠释性研究在内的一切理论研究，都应当是思想逻辑和实践逻辑推演的过程。这一过程的主要动力，一是实践、二是思想，是思想烛照下的实践，是实践检验后的思想。

实践和思想都是理论研究中最活跃的因素，从世界观和方法论的角度看，思想因素在理论研究中则要更为活跃，更具推动力和引领力。出版理论研究倘能更加自觉地强化思想因素、哲学方法、理论色彩，相信会有更大发展和更高提升。

问题意识通常是理论研究的起点，特别是出版理论研究一类实用型学科，更应当高度强调问题意识。这是研究工作赖以安身立命的出发点和归宿。

研究者们倘若勇于强化问题意识，敏于发现现实中的问题，那么，出版理论研究很有可能形成百花齐放、百家争鸣而又务实有效的生动局面。

出版业虽然是较小的行业，但是在许多方面，却与许多学科相关联。单拿出版内容来说，出版涉及的内容可谓古今中外无所不包，上天入地无所不能。出版活动的历史、现实、经济、政治、文化、社会和专业等方面的意义更是不一而足。

出版业在改革发展进程所遇到的许多问题，不是过去那些传统出版理念所能解决的。至于出版业的本体性、目的性研究，更是一个复杂的形而上的问题。

出版理论研究的对象就像一个多层面而又不断旋转的立方体，需要进行综合性研究才可能接近于把握住这个对象的全部。为此，需要对出版理论进行跨学科研究。

跨学科研究是当前学术研究的一大趋势。出版理论研究应当顺应这一趋势，主动借助其他专门学科的工具、知识和成果，积极吸引其他学科人才进入出版理论研究领域，丰富研究手段，壮大研究力量，提高研究质量。

范式的建立是学科建设的基础性要求。建立学科范式，可以减少一些低层次常规问题的重复研究，为学科提供学术规范，为创新研究提供更高的起点。

《当前出版理论研究之研究》，2012 年 7 月

编　选　后　记

聂震宁先生是我的博士研究生导师。

作为当代最具影响力的出版家之一，先生历经作家、编辑、总编辑、社长、局长、总裁等多重身份与职位，融通文学、出版、经营、管理、学术等多重实践与思维，见证了中国出版业发展最重要的战略转型期，亲历了中国出版业纷繁复杂的多个层面，操作了许多声名远播的经典出版案例，这是一般出版者不容易获得的经历。先生更能通过生花妙笔，把自己的人生体验一一呈现，时而畅谈出版创新经验，时而纵论经营管理智慧，时而信手拈来序跋随笔，时而娓娓道来创作理念，进而集聚成册，《我的出版思维》、《我们的出版文化观》、《书林漫步》、《出版者说》次第而来，留下一路的风景与积淀。

作为先生任博士生导师后的开门弟子，我是幸福的，可以时时受教于先生，也认真研读过先生每一篇文章。徜徉于先生波澜壮阔之出版体验、洪钟大吕之文字、奇思妙想之文章中，常有惊涛拍岸、连绵不绝之感，铿铿然如金属声直入心房。先生行文，每多惊人之言、警人之语，这便使我萌生一个想法，何不效仿《论语》，将先生言语精华以语录形式记之。未料想，先生以语录体太过托大为由，坚拒了我的编选想法。屡屡劝说先生未果后，我唯有抱着先斩后奏、边选边学的心态开始了语录的编选工作。编选终是有些耗时，年余后，我才把成稿发给先生。先生看到此稿已成既定事实，再加上大抵受不住学生啰嗦，无奈同意出版。但无论如何，先生绝不同意当初我命名的《聂震宁出版语录》，并终将书名确定为《出版人断想》。一者，断想有片断感想之意，正好符合此书之语录特点；二者，先生早自1997年即在《出版广角》杂志开设"聂震宁断想"专栏，很多同行正是通过这个专栏认识了当时远在广西的先生。由彼及此，既有前后联系，又有妙手偶得、浑然天成的感觉。

回首编选过程，虔诚是我的唯一信念。孔子弟子三千，更有再传弟子合力编撰，才有《论语》。吾一末学后辈，独力担此断想编选之大任，唯虔诚不能以对。战战兢兢，如履薄冰，是我的唯一心态。为先生做这样一件事，忐忑之情常萦绕心头，唯恐不能胜任。而震撼，是我的唯一感受。先生是写作者，是出版者，更是思想者，字里行间每每振聋发聩之语，响遏行云处颇多，其直接后果便是，取舍之难超乎想象，恨不能整篇整篇录下以为传承，又恐负论语之意。于是乎，常常暗夜里内心挣扎，只为在那满眼的警世通言与醒世恒言中做出忍痛割爱后的决断。

编选理念有三：其一为"警句化"与"进一步警句化"，务求洗练纯粹，短者五六字，长者八九言，俱系先生出版精神之所在；其二为"尽量不改、不得不改"，警句化后的断想脱离原来语境后有时显得不够完整，才会略加修饰，增添一二主语或宾语，以使语句明晰；其三是"断想不断"，多篇长文被断成更多篇短文并被杂糅在一起时，原有的上下文脉络消失，断想间逻辑顺序自需重建，每一断想，既要独立成篇，又要上下贯通，以达断想不断、顺理成章、浑然一体之境。

先生对出版的理解与著述很深邃，同时也很斑驳，除了上述四册专辑，还有大量文章发诸《人民日报》、《光明日报》、《人民政协报》、《中国新闻出版报》、《中华读书报》、《中国图书商报》、《新华文摘》、《现代出版》、《中国出版》、《出版发行研究》、《出版广角》、《出版科学》、《科技与出版》、《出版参考》、《中国编辑》、《编辑之友》、《编辑学刊》等报刊。面对这庞博的文字，分类成了一个难题，虽几经处理，仍难以把握。最终求教于先生，先生举重若轻，顷刻间化繁为简，十类乃成。

一是出版理想。先生是理想主义者，一句"爱我们的读者"道尽对出版的全部愿景，所以要"敬惜字纸，敬重读者，敬畏历史"，"我们要有为天下人做出版，替万世人留文章的责任感和使命感"，而"出版的终极目标是文化，是传承知识、创造文化、创新文化、发展文化"。

二是出版创新。出版创新是针对出版发展提出的全新的发展思路，其核心是思想和制度的创新。对思想而言，"创新是出版的基本精神"，"创新是一个出版人经常要面对的功课。创新是强者愈强的秘诀，是后来者居上的法宝，是百年老店五十年老社的驻颜术，是穷社置之死地而后生的救心丹"；对制度而言，"没有体制上的重大创新、制度上的重大突破，就难以实现发展方式的转变"。

三是经营智慧。智慧始于知识，然而知识可学，智慧不可学，因为智慧是用悟的，不仅看到外，而且看到内，不仅看到相，而且看到理，才是智慧。当智慧降临在出版业时，"经营的任务是完成从书籍自身的此岸到达市场读者的彼岸，是过河必须解决的桥与船的问题"，"出版集团定位为战略中心、管理中心和资产中心，成员单位定位为产品生产经营中心、研发中心和利润中心。三个中心对三个中心，把集团和成员单位主要做什么和不做什么就说清楚了"。

四是编辑艺术。先生有着丰富的编辑经历，结合后来的管理经验，自能把高屋建瓴的办刊办社宗旨与体现时代要求的编辑思想相融合，"编辑要有成人之美的精神"，"一个编辑，十年可以编辑出版很多书，但一定要去做一本留得下来的好书；倘若不行，就二十年做一本；索性，一生只做一本！如能是，到了我们告别职业、告别人生的时候，一定能少一些懊悔和羞愧，多一点自豪和欣慰"。

五是数字出版。数字出版是人类文化的数字化传承。先生认为，"数字出版是整个出版文化产业的一次重大革命，从内容采集、编辑加工、资源管理、产品发布等方面发生整体的变革，是一次历史性的产业转型，关系到我们整个出版业未来的生存发展"，"人类不应该总是发出生存还是死亡这样的痛苦追问"，"文化与技术结合，两者之间对抗不如握手，这应当成为我们明智的历史性的选择"；更断言，"数字化潮流，浩浩荡荡，顺之者未必昌，逆之者一定亡"。

六是国际视野。出版人常常需要以国际视角观察出版业的运行、操持国际版权合作。先生不仅成功运作了《哈利·波特》的引进来，更成功运作了《于丹〈论语〉心得》的走出去。实践证明，"引进来、走出去是我国改革开放的基本战略"，"中国出版走向世界，其核心是中华民族文化走向世界"，"走出去不能止于输出，不能只问耕耘不问收获，还要问走出去之后传播的实际效果"。

七是人力资源。先生历任人民文学出版社和中国出版集团掌门

人，胸中自有百万兵，"人力资源是出版产业的第一资源"，"社以
人名，人以社名，人社同辉，品牌乃成"，"现代出版人要认真培养
自己的精神境界。出版人的精神境界首先来自于对出版业比较深层
次的认识，这种认识主要是对出版业文化内涵的认识，那就是科学
精神、文化精神、民族精神、创新精神、服务精神、职业精神等"。

八是阅读情怀。阅读的最大理由是摆脱平庸，多一点阅读，就
多一份人生的精彩。在先生心中，"读书之乐，乐在其中，且堪称
人生真乐之事"，"读书改变人生，主要在于对人生状态和价值的理
解"，"每一个热爱读书的人，都需要为自己筑造一个心里书房。有
了心里书房，自然腹有诗书气自华。有了心里书房，自然书会与我
们精神相随、生命相伴，读书也就无所不在"。

九是写作理念。创作成就取决于创作理念。先生首先是一个作
家，发表过大量的中短篇小说及诗歌、散文、文学评论等作品，出
版过小说集《去温泉之路》、《暗河》等，对创作理念体会至深。"一
个作家要走进读者的心灵，采取的办法是心灵，他的心灵"，"顺昌
逆亡，在文学的历史上，必须以作家的不可替代性作为前提，否
则，无论是昌还是亡，都是于文学本体无意义的"。

十是研究思维。思维与感知有着本质的不同，思维是在感知的
基础上产生和发展起来的，而人之思维是各异的。"一花一世界，
一个人更是一个世界，钻进去做学问，总会做出些名堂来的"，而
"追问哪里来、哪里去，是一次唯实式的思考"，"凡事若问要到哪
里去，自然要先问从哪里来。所有触碰这类哲学式追问的人，都习
惯这样来思考。从逻辑学来说，这是问题的逻辑起点"。

功不可以虚成。名句之所以是名句，是因为它无论经历怎样的
岁月沧桑依然散发出十足的魅力，其神韵所在将人牢牢吸引，让人

欲罢不能，或引人深思，或令人拍案叫绝。数十年的出版体验，上百万的文字积累，此刻凝聚为一个又一个断想，述说着一个出版人的理想。出版人是聂震宁先生，他慷慨抒怀道：用自己的喉咙，唱一支自己的歌，即使不是绝唱，只是野唱，但是能得到人民的欢迎，历史法官的首肯，此生足矣！

赵树旺

2015 年 1 月

责任编辑：朱云河
版式设计：周方亚
封面设计：薛　宇
责任校对：张红霞

图书在版编目（CIP）数据

出版人断想 / 聂震宁 著 . – 北京：人民出版社，2015.5
ISBN 978 – 7 – 01 – 014762 – 8

Ⅰ.①出… 　 Ⅱ.①聂… 　 Ⅲ.①出版事业 – 研究 – 中国 　 Ⅳ.① G239.2

中国版本图书馆 CIP 数据核字（2015）第 075220 号

出版人断想
CHUBANREN DUANXIANG

聂震宁　著

人 民 出 版 社 出版发行
（100706　北京市东城区隆福寺街 99 号）

北京中科印刷有限公司印刷　新华书店经销

2015 年 5 月第 1 版　2015 年 5 月北京第 1 次印刷
开本：710 毫米 × 1000 毫米 1/16　印张：20.25
字数：233 千字　印数：0,001 – 5,000 册

ISBN 978 – 7 – 01 – 014762 – 8　定价：48.00 元

邮购地址 100706　北京市东城区隆福寺街 99 号
人民东方图书销售中心　电话：（010）65250042　65289539